路過的都是風景，
留下的才是人生

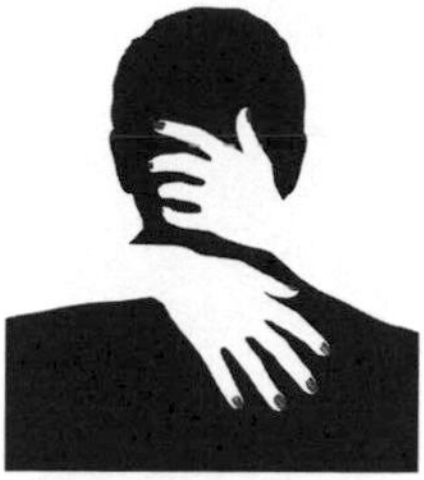

# 路過的都是風景，留下的才是人生

孫麗 主編

# Foreword 前言

在美國，一位叫塞爾瑪的女士內心愁雲密佈，生活對於她已是一種煎熬。

為什麼呢？因為她隨丈夫從軍。沒想到部隊駐紮在沙漠地帶，住的是鐵皮房，與周圍的印第安人、墨西哥人語言不通；當地氣溫很高，在仙人掌的陰影下都高達華氏125度；更糟的是，後來她丈夫奉命遠征，只留下她孤身一人。因此她整天愁眉不展，度日如年。我們能想像她內心的痛苦，就像我們自己也會經常碰到的那樣。

怎麼辦呢？無奈中她只得寫信給父母，希望能回家去。久盼的回信終於到了，但拆開一看，使她大失所望。父母既沒有安慰她幾句，也沒有說叫她趕快回去。那封信裡只是一張薄薄的信紙，上面也只是短短的幾行字：

兩個人從監獄的鐵窗往外看，

一個看到的是地上的泥土，

另一個卻看到的是天上的星星。

她開始非常失望，還有幾分生氣，怎麼父母回的是這樣的一封信？但儘管如此，這幾行字還是引起了她的興趣，因為那畢竟是遠在故鄉的父母對女兒的一份關切。她反覆看，反覆琢磨，終於有一天，一道閃光從她的腦海裡掠過。這閃光彷彿把眼前的黑暗完全照亮了，她驚喜異常，每天緊皺的眉頭一下子舒展了開來。大家知道這是為什麼嗎？

原來這短短的幾行字裡，她終於發現了自己的問題所在：她過去習慣性地低頭看，結果只看到了泥土。但自己為什麼不抬頭看？抬頭看，就能看到天上的星星！而我們生活中一定不只是泥土，一定會有星星！自己為什麼不抬頭去尋找星星，去欣賞星星，去享受星光燦爛的美好世界呢？

她這麼想，也開始這麼做了。

她開始主動和印第安人、墨西哥人交朋友，結果使她十分驚喜，因為她發現他們都十分好客、熱情，慢慢都成了朋友，朋友們還送給她許多珍貴的陶器和紡織品作禮物；她研究沙漠的仙人掌，一邊研究，一邊做筆記，發現仙人掌是那麼的千姿百態，那樣的使人沉醉著迷；她欣賞沙漠的日落日出，她感受沙漠的海市蜃樓，她享受著新生活給她帶來的一切。

慢慢地她找到了星星，真的感受到星空的燦爛。她發現生活一切都變了，變得使她每天都彷彿沐浴在春光之中，每天都彷彿置身於歡笑之間。

後來她回美國後，根據自己這一段真實的內心歷程寫了一本書，叫《快樂的城堡》，引起了很大的轟動。

對事物的看法，沒有絕對的對錯之分。但有積極與消極之分，而且每個人都必定要為自己的看法承擔最後的結果。消極思維者，對事物永遠都會找到消極的解釋，並且總能為自己找到抱怨的藉口，最終得到了消極的結果。接下來，消極的結果又會逆向強化他的消極情緒，從而又使他成為更加消極的思維者，形成惡性循環……

所有的這一切正如叔本華所言：「事物的本身並不影響人，人們只受對事物看法的影響！」即使我們不能改變環境，至少我們可以改變內心的想法和看待事物的態度；我們不可以改變自己的容貌，但可以展現笑容；我們不能控制他人，但可以掌握自己；我們不能預知明天，但可以利用好今天；我們不可能屢戰屢勝，但我們可以盡心盡力……因為路過的都是風景，留下的才是人生。

CHAPTER 1

## 人生在世，笑對酸甜苦辣



CHAPTER 2

## 生活多變，再苦也要笑一笑

CHAPTER 3

## 道路崎嶇，樂觀能擺平一切

CHAPTER 4

## 生活落寞，每天給自己希望



CHAPTER 5

## 人生波折，每天給自己信念

CHAPTER 6

## 改變心態，心情決定事情

## CHAPTER 7 放下過去，輕鬆面對挫折



## CHAPTER 8 換個方向，吃苦也是吃甜

CHAPTER 9



## 凡事變通，一切問題都簡單

# 第1章

# 人生在世，笑對酸甜苦辣

人生就像一個百味瓶，酸甜苦辣才是生活的材料。大多數人都嚮往蜜罐似的生活。在安逸、甜蜜的生活狀態下，可以面帶微笑、快樂地生活著。可是生活不可能永遠停留在一種狀態，當生活的急轉彎出現時，如果沒有堅強的性格，積極的人生觀，或許很容易一蹶不振。

所以，無論我們品嘗到生活給予我們的哪一種味道，都是一種上天的恩賜。沒經歷風雨怎能見彩虹。在短短幾十年的人生路上，關鍵是擁有一種灑脫的魄力，能夠微笑地面對每一天。

# 1．認識自己，充實自己

在職場生涯中，失業恐怕是最恐怖的事了。對於很多人而言，工作如同婚姻一樣，秉承一生就一次的原則，所以當事業上亮起紅燈的時候，他或許會在突然之間接受不了這樣的打擊，甚至覺得自己對於社會已經沒有價值，便有了輕生的想法。這些想法聽起來或許很可笑，事實上，生活中確實存在這樣的現象。現在，我們就來看看當你的事業出現問題時，你該怎麼辦。

首先，確定失業的原因，才能有的放矢，解決問題。失業這個現象，整體上而言，是一個社會問題，而這個社會問題與失業者的個人素質也息息相關。失業是市場經濟競爭體制下不可避免的一個現象。能者居之，優勝劣汰。當你失業了以後，不要不停地抱怨或者隨意買醉鬧事。

要冷靜下來想一想，為什麼失業的是自己？為什麼同事某某沒有遭受這樣的悲劇？答案或許很容易就得出來：因為對方比自己適應這個競爭過程，對方的優點保住了他的工作，而自己恰恰缺少這樣的技能。了解到這一點，或許就是你人生的轉捩點，因為這次失業，讓你更清楚的認識自己，並進一步充實自己。

事實上，失業並不可怕，可怕的是失業之後，你對自己的恐懼，害怕自己無所事事，終成廢人。失業就等於把人生槍斃了嗎？當然不是，正確地看待失業，重整旗鼓，從頭再來，迎接你的或許就是輝煌……

失業的人心情肯定會受到影響，沮喪幾天是可以的，但是不可以從此悲觀消極。失業以後最重要的是情緒的調節，利用失業以後的空閒，可以給自己放一次較長的假期，你可以利用它去完成你旅遊的夙願，利用它去拜訪一些故友，利用它去完成一次技能培訓等，好好地給身體和心靈做個溫泉ＳＰＡ，或者給頭腦做一次充電儲備。

或許你應該感謝這次失業，它給了你時間恢復一下體能，健康對任何人都是重要的。人生數十年，我們沒有任何理由因為所謂的工作而毀掉我們的身體。健康的生命才是最重要的，對嗎？

因為失業，我們才能鼓起拼搏的念頭，擁有了從頭再來的機會。平日的忙碌，或許蒙蔽了我們的雙眼，我們總在趕路，卻忘記了停下來問問自己：我在做什麼？這份工作真的適合我嗎？

因為這份從事若干年的工作，我們或許已經產生了慣性，所以我們忘記了自己的優點，忘記了自己的愛好，也因此錯過了很多更值得我們去追求，更適應我們的工作。天涯何處無芳草，何必單戀一枝花？

我們默守著曾經的工作，忘記了我們的身外還有更美麗的花園。失去一份工作並不是失去整個人生。失業給了我們一個思考的空間和時間。我們應該冷靜下來思考自己，分析自己：我是誰？我適合做什麼？我的優點是什麼？我的缺點是什麼？我需要哪些技能而現在卻沒有具備。思考是重要的，沒有思考而盲目地去尋找新工作將再次出現失業的情況。

從失業的經歷中我們應該吸取到教訓，應該變得更勇敢，更理智，更了解自己。敢闖敢拼，勇於從頭再來是失業以後最正確的選擇。社會是一個很大的空間，它給予我們的不是一個小小的位置，而是一片廣闊的天空。如果你因為失去了太陽而哭泣，那麼你還會失去月亮和滿天的星星。

要肯定自己的價值，相信自己的能力，同時給自己拼搏的勇氣。因為失業，我們有了更大的發展空間，我們或許是那隻離開了雞窩，方能展翅飛翔的老鷹呢！

# 2・智者千慮，終有一失

俗話說得好，智者千慮，終有一失。由於人的知識的局限性和一些環境因素的影響，在下決策的時候，因為考慮不周全而造成失敗的現象並不少見，對於成功的人也是如此。所以，即使失策，也不要對自己失去信心；另一方面，即使作為一個智者，也不能驕傲自大，必要的慎重可以減少失策的機率。

巴菲特這個名字對於炒股的人而言，可以說如雷貫耳。就是這個被稱為「股神」的人，在股市一片混亂，很多公司紛紛陷入水深火熱中時，由他指揮的伯克希爾・哈撒韋公司不但沒有倒下，反而穩賺一筆。據統計，在二〇〇七年，伯克希爾・哈撒韋公司相比去年利潤增長了20％，高達130多億美金。

巴菲特在經營公司的過程中，作出了無數個正確的決策，才一步步有了今天的成績。巴菲特在二〇〇二年至二〇〇二年間共購買了1.3％的中石油股權，當時出價為4.88億美元。巴菲特說，以此價格計算，當時中石油市值約為370億美元，而他和搭檔查理認為，中石油市值約在一千億美元左右。他進而表示，隨著國際油價飆升及中石油油氣儲備增加，其估值應更高一點。

當二〇〇七年下半年中石油市值升至二千七百五十億美元時，巴菲特和查理認為時機到了，他們果斷賣出所有中石油股票，獲利40億美元。

巴菲特賣出中石油股票後，中石油股價仍在呈上漲趨勢，很多人在背後議論他這次失算的商業行為。可是事實證明，巴菲特還是走對了一步，因為不久後股市大重整，中石油股價出人意料地下跌，巴菲特還是贏了。

然後，即使巴菲特，這個料事如神的股神，也有失策的時候。巴菲特在《致股東信》中曾如此提到：當年有人建議他以三千五百萬美元購買德克薩斯的KXAS電視臺，可惜他沒有採納，失去了一個大好的機會，實在是一個重大失策。

巴菲特回憶道：如果當時聽取建議，購買德克薩斯的KXAS電視臺，現在它的資產總值就可達8億美元，而這麼多年下來，它帶來的利潤完全可以達到10億美元。對於當年的失策，巴菲特只能是遺憾地歎氣：「那時我的大腦跑去度假了，根本就沒想到通知自己。」

此外，巴菲特最耿耿於懷的一次投資失策，發生在一九九三年的一次投資計畫上。當時他以價值4.33億美元的伯克希爾股票換股收購了Dexter鞋業公司，因為巴菲特看準這個公司的發展前景，可是令人失望的是，Dexter鞋業公司的競爭優勢，竟然在短短數年就煙消雲散，最終不得以倒閉畫上句號。就是這次失策，讓伯克希爾公司累計損失了35億美元。

巴菲特認為，失誤總是經常發生的，儘管有了Dexter鞋業公司這個最為深刻的教訓，但自己還是無法保證未來肯定不會失策。人不能因為幾次失策就對自己的判斷力失去信心。失策主要是因為準備不足而引起的，所以在出現決策錯誤以後，後悔是沒有用的，關鍵是能夠積極行動起來，分析這次失策的原因，儘量在未來的決策中不再出現同樣的錯誤。

勝敗乃兵家常事。世界上沒有常勝將軍，不能因為一次兩次的用兵不當，就把以前的功績全部抹殺。智者尚有一失，更何況我們普通人。所以，當你因為某些準備不善而出現失策時，不要把自己否定掉。如果沒有別人的支持，那麼更要給自己支持，對著鏡子朝自己露出一個鼓勵的笑，有了這次的教訓，以後的路將會走得更穩。在這個世界上，如果連自己都不相信自己了，誰又會相信你呢？

# 3・錯過機遇，後悔莫及

機會，是世界上最寶貴的財富。尤其對於年輕人而言，機會是人生轉折的岔路口，也是成功的導火線，一定要當機立斷，把它抓住，否則失去便不會再來。

機會對於每一個人都是平等的。有很多人總是在埋怨上蒼不給他機會成功，事實上，上帝也把蘋果砸到了他的頭上，可是他一邊罵著，一邊把蘋果吃了。這就是為什麼牛頓成了科學家，而同一時代的其他人卻絲毫沒有在那個世紀留下印記。

人的生命是短暫的，在這短暫的時間中，機會能夠出現的次數更是少之又少，抓住了你的生命就會出現新的景象，錯過了只能是無盡的悔恨。如何才能抓住機會，不讓自己的生命留下悔恨呢？這需要你有一雙雪亮的眼睛、一顆敏銳的心，以及敢於探索的品質。

一百五十年前的一個耶誕節，還是孩童的道爾頓去商店買了一雙深藍色襪子，作為禮物送給母親。母親接過禮物時，卻非常生氣地怒斥他：「不懂事的孩子！你難道不知道清教徒禁忌這種顏色嗎？」

「我們的禁忌不是深藍色的嗎？」他問母親。

「但你買的是紅色襪子啊！」母子倆竟然說出的顏色不一樣。於是他們找別人來辨認，只有他的哥哥認為是藍色的，而其他人也都說是紅色的。

自從這件事情發生以後，道爾頓深刻感覺到這其中肯定有什麼奧妙。於是他查閱了大量的資料，通過數年的深入研究和分析，終於寫出了震驚世界的《論色盲》。誰會對一雙襪子顏色的問題而耿耿於懷呢？道爾頓就是這樣一個人，他及時抓住了在眼前閃過的機會，根據視差原理，第一個提出了色盲問題。

機會不是沒有，只是你或許抓不住罷了。想想看，在道爾頓之前恐怕患有色盲症的人大有人在吧，他們或許意識到了自己的眼睛有問題了，但是他們卻從沒有想過深入去研究它的根源，所以成功的機會就這樣錯過了。

然而，錯過一次機會並不可怕，可怕的是這種令人抱憾終生的錯過，一次又一次在你身上上演的時候，你的人生恐怕就沒有轉折了。所以，當你意識到上一個機會錯過時，後悔和遺憾是必然的，但是不是長久的。短暫的遺憾感會讓你深刻體會到這次教訓，以後不要再次重覆相同的錯誤；但是倘若一直沉浸在這種悔恨的氛圍中，更是一種沒有意義的選擇。

既然知道世界上沒有賣後悔藥的，那麼即使你再後悔，機會也回不來，不如吸取教訓，把悔恨感轉換成探索的動力，轉換成明亮的洞察力，這樣你才有可能在下一次機會到來的時候能夠迅速地抓住。

永遠記住，失去一次太陽的時候，後悔一個小時就足夠了，剩下的時間是對自己微笑一下，然後繼續趕路，爭取在下一個太陽出現的時候，你已經到達山頂，在那裡靜靜地等待它露出地面吧！

# 4・門庭冷落，鬱鬱寡歡

由儉入奢易，由奢入儉難。同樣道理，由低微到高位，面對鮮花，面對掌聲，面對顯赫，你自然感覺不到因為環境巨變而帶來的不適應感。然而要是突然失勢了，由高位落入了低微，奉承沒了，笑容沒了，優勢沒了，往日那些所謂的朋友突然也都不再是朋友了，這時候的你會突然認識到人間冷暖，突然感到無所適從，這些突然的變化或許會讓你招架不住，倒下去。

失勢大多表現為一種社會位置的降低，但是這種社會位置的降低往往會帶動心理高度的降低，一旦心理高度降低了，很可能會帶來不良情緒，例如失去自信、鬱鬱寡歡等，這些不良情緒將很大程度上影響個人今後的發展。失勢帶來了消極，消極帶來了再一步的失勢，再一步的失勢導致了更消極，這樣的惡性循環可能最終導致人的徹底崩潰。

首先，我們要正確看待人生變化的曲線，正確看待這種失勢現象。人生不可能是一條一成不變的直線，相反它是一條帶有上下波動的曲線，時而高，時而低，才盡顯人生百態，盡顯酸甜苦辣。

所以，高位和低微都是人生的一種狀態，我們雖然一直在追求高位，也鍾情於高位給我們帶來的快感，但是幻想人生一直處於高位不過是我們每個人的美好願望罷了，任何一個人也不可能永遠高高在上。能夠坦然地接受這種人生曲線變化，坦然地面對失勢或得勢才是一個心智成熟的人的表現。

失勢並不可怕，可怕的是失勢後的認命。有的人失勢以後，終日鬱鬱寡歡，完全喪失了鬥志，或者成了一個「盲人」，看不到現實中的真面目，僅僅是幻想著昨日的繁榮重新回來，卻不付出一絲一毫的努力。

再來看那些智者的所作所為，失勢後的他們能夠微笑著正視現狀，能夠堅強地接受冷漠，但是他們同時也努力地改變著這種局面，爭取在最短的時間內扭轉自己的弱勢，重新回到往日的輝煌中去。越王勾踐就是歷史上有名的一位智者。

春秋時期，吳越兩國相鄰，戰事不斷。有次吳王領兵攻打越國，被越王勾踐的大將靈姑浮砍中了右腳，最後傷重而亡。

吳王死後其子夫差繼位。三年以後，夫差為報殺父之仇，帶兵前去攻打越國。

西元前四九七年，兩國在夫椒交戰，結果這次吳國大獲全勝，越王勾踐被迫轉移到會稽。吳王趁機追擊，把勾踐圍困在會稽山上，越王勾踐形勢非常不妙。為了討好吳王，勾踐聽從了大夫文種的計策，準備金銀財寶和美女偷偷地送給吳國太宰嚭，試圖通過太宰嚭向吳王求情。

吳王最後答應了越王勾踐的求和，於是越王勾踐表示投降，並和其妻一起前往吳國。為了表示忠誠和歉意，他們夫妻倆住在老吳王的墓旁的石屋裡，做看守墳墓和養馬的事情。夫差每次出遊，勾踐總是拿著馬鞭，恭恭敬敬地跟在後面。後來吳王夫差有病，勾踐為了表明對夫差的忠心，竟親自去嘗夫差大便的味道，來判斷夫差病癒的日期。夫差病好的日期恰好與勾踐預測的相合，夫差也認為勾踐對他敬愛忠誠，於是就把勾踐夫婦放回了越國。

越王勾踐幾年來的忍辱終於獲得了回報，雖然處於劣勢，可是他並沒有被打倒，相反他充滿了鬥志，立志要報仇，把昔日的王位和榮耀再次奪回來。為了不忘掉昔日的恥辱，越王勾踐睡覺就臥在柴薪之上，坐臥的地方還掛著苦膽，時常含於口中，思憶一下曾經所經歷的苦難。經過十年的準備，越國終於東山再起，恢復了強國的面貌，打敗了吳國。

事實上，失勢並不可怕，可怕的是失勢以後的甘於現狀，鬱鬱寡歡，不思進取。有時候，失勢反而讓你更加深刻地看到事情的本質，看到人性的善惡，體會到人間冷暖。失勢讓你重新認識到哪些人才是真正的朋友，哪些事值得你重新去做，哪些弱點你應該克服，哪些優點你應該加以利用。

失勢反而讓你更加清楚地理解了人生，看清了自己。雖然說高位美好，可是當失勢真的到來的時候，我們既然沒有能力阻止，只能坦然地接受，或許它真實的面目，也是上帝賜予你的一個禮物。

# 5．千里之堤，潰於細節

人的一生不可能不犯錯誤，但是同一個錯誤一犯再犯，同一個地方跌倒數次，就成了人生的重大失誤。人無完人，錯誤並不可怕，可怕的是一個細小的錯誤如果不及時修正，有可能會毀掉整個人生大堤。

千里之堤，潰於細節。這絕對不是誇張，而是對我們的警示。不要忽視那些微小的錯誤，有時候那些細節帶來的麻煩，要遠遠比大困難要厲害得多。

二〇〇三年美國「哥倫比亞」號太空梭即將返回地面時，在美國德克薩斯州中部地區上空解體，機上六名美國太空人以及首位進入太空的以色列太空人拉蒙全部遇難。經過漫長的7個月調查，美國「哥倫比亞」號太空梭事故調查委員會發表了長達248頁的最終調查報告，對事故的發生原因作出了總結。

報告指出，造成「哥倫比亞」號失事的直接原因是太空梭外部懸掛著燃料箱，而這個箱子的外表面脫落了一塊泡沫材料，就是這個小小的泡沫撞擊了太空梭的左翼前緣，從而導致熱保護部件出現了裂孔。當太空梭重返大氣層時，超高溫氣體從裂孔處進入機體，造成太空梭解體，所有人員全部殉職。

然而，這個報告不過是從科學的角度闡述了事故發生的原因。

事實上，「哥倫比亞」號的事故和一九八六年的「挑戰者」號發生事故的原因基本上是相似的，那就是管理人員漠視了太空梭的一些細節問題，他們過多地把精力放在了飛機重要部件的運行和控制上，卻唯獨忽略這些細小的安全問題。

一個小小的泡沫卻毀掉了整架飛機和若干個年輕機員的生命，如此悲痛的失誤不但給國家，也給我們每一個人深刻的警示。

小小細節可導致重大失誤，這已經不再是一條新聞，更多的是一條深刻的人生啟示。在我們的人生旅途中，我們對於那些大的困難，大的障礙會條件反射般地產生抗體，通過與之奮戰，最後成功地把它擊敗或者跨越。

然而，越是那些微小的細節，越是容易被我們所忽視，最終演變成大的人生失誤，阻礙我們前進。

對於人生而言，細節猶如遠足者鞋中的那粒沙子，往往是它決定了這個遠足者是否疲倦，能走多遠的距離。從很多細節中，可以觀察出一個人的人生觀、世界觀以及個人品行。成功的人都是注意細節的人，多年的成長經歷告訴他們，往往是一些細節決定了事情的成敗。

人生在世數年，那些罕見的大風大浪或許很多時候僅僅是由幾個小小的雲塊碰撞產生的。你或許對付不了那些大風大浪，但是你絕對可以把那些微小的雲塊制伏，阻止它們有機會碰在一起製造一場難以克服的人生巨浪。

人生的一些重大失誤或許就是由以前那些小小的細節問題引起，如果你早點能意識到這個問題，或許你未來的人生將會風平浪靜很多。

可見，有時候細節是能夠決定成敗的。如果你現在正行走在追求理想的路上，那麼你一定要攜帶上這條真理，用一顆敏銳的心來解決征途上的細節問題，相信把這些小事都做好，那麼成功離你也不遠了。

千萬不要忽略那些人生的小傷口，如果它們發炎了，惡化了，擴散了，或許腐爛的不僅僅是那一小塊皮膚，而是你全身的健康。

# 6・人生航程，順風不再

在人的航行過程中，順風、逆風不過是兩種不同的航行狀態而已，我們不能奢望一路順風，也不可能總處於逆風狀態，這兩種狀態總是交替著出現，才讓我們的人生呈現出不同的姿態。而我們面對這樣的人生，就要做到得意時淡然，失意時坦然。成熟地面對它，才能活得優雅。

失意是不能避免的，就像在大海中航行的船，是不可能不帶一點傷痕的。但我們不能因為一時的失意而把自己的整個人生變成灰色。失意的時候要進行自我情緒調整。或者找人傾訴，或者找到合適的途徑和方法排解掉鬱悶的情緒，才能整裝上陣，從頭來過。

很多時候，你覺得人生不順，逆境難行，或許不過是你的主觀感覺而已，或許情況並沒有你想像的那般惡劣，不過是因為你的心情不好，然後產生了悲觀的折射。這時候需要自我調節，無論是通過傾訴還是通過心理輔導，這些作用都是次要的，關鍵是自己幫助自己。適當的休息和深刻的思考或者能幫助你撥開雲霧。

對於不同的人而言，感到失意的導火線是不同的，所以當你深感失意的時候，就不要再盲目地前行了，片刻的休息，調整方向反而是磨刀不誤砍柴工。自己才是最了解自己的人。有時候，面對心理醫生你或許有的問題難以啟齒，反而誤導了輔導方向。所以要依靠自己的力量找出問題的根源。找到了問題的原因才能有的放矢地去解決。

在失意的時候，如果條件允許，儘量不要一直一個人待著，這時候朋友就顯得非常重要。片刻思考過後，把問題想明白也罷，想不明白也罷，都不要再執著地思考下去，或許你的思路已經陷入了一個死胡同了。所以這時候你需要放鬆，需要和一大幫朋友在一起做一些開心的事情，或許你大笑一場過後，再去想那些當初想不通的問題時，你會發現原來是它導致了你的失意。

失意的人大多數時候處於一種自我厭倦的情緒中，這時候想憑藉個人之力而改變自我情緒是困難的，所以要積極地加入周圍朋友的歡樂中，讓他們的愉快帶動你的情緒，或許在不經意間，你的那些小小的失意就會自動煙消雲散。

失意就像沼澤地一般，你越是深陷其中，越是難以自拔。所以這時候，要學會駐步，及時調整你的心態，及時重新規劃你的航程方向，才有可能變逆境為順境。

得意和失意不過是兩種心境罷了，得意時要保持淡然，失意時亦要保持坦然，不管是順風還是逆風，我相信它們都無法真正阻止你向前方航行的，唯一阻礙你前進的只有你自己。

因此，失意的時候最關鍵的是保持信心，不能因為環境的變化，使我們對自己的定位和能力產生懷疑。每一個成功的人都有過失意的經歷，像詩仙李白、詩聖杜甫等，哪一個不是因為人生失意的境況，才寫出那些曠世絕句？

所以說，在失意的時候千萬不要垂頭喪氣，對自己失去信心。去閱讀那些名人軼事，你會發現他們也有和你一樣不順利的時候，可是他們卻頑強地走過來了，走過那些被烏雲遮蓋的、沒有陽光的日子，後面迎接他們的才是萬里晴空。

# 7・只想得到，不會知足

失望的情緒大多源自於想得到，卻未得到。天天想著獵物，卻不實施狩獵行動的人，將永遠處在失望的心境中。

傑克・威爾許曾如此說道——如果你有一個夢想，或者決定做一件事，那麼，就立刻行動起來。如果你只想不做，是不會有所收穫的，而你最後也只會落得失望的結果。

從這句話中我們就可以明白，人為什麼有失望的感覺？大多是因為你想得到，卻沒有達到預期的效果，這種現實和夢想的反差自然引起了你失望的情緒。在你失望的時候，你有沒有想過這個問題——你，為什麼會失望？

是的，或許這個問題問得有些愚蠢，人失望無非是願望和初衷沒有得到滿足。為什麼沒有得到滿足呢？我覺得這個問題才是值得所有失望的人認真思考的問題——只想得到，但是做不到，才是失望的根源。

一百次的心動如果沒有一次行動，就是一百次的失望。一百次心動不如一次行動。失望的情緒存在於很多人的身上。當他們看到成功者時，這種情緒或許更濃烈，因為這些成功者的想法或許也是他們所曾經想到過的，可是那些人成功了而自己依然沒沒無聞，這種巨大的差異更會讓人深陷失望之中。

只想得到，卻沒有實際行動，肯定得不到理想的滿足，失望感自然而然就產生了。當你了解了失望的原因以後，你就可以去克服這種境況了，那就是積極行動起來，不能只想得到，更要做得到。

義大利著名航海家哥倫布經歷了千難萬險終於發現了新大陸。在西班牙舉辦的一次慶功宴上，有位貴族驕傲地說道：「哥倫布無非是坐著輪船往西走，再往西走，然後在海洋中遇到一塊大陸而已。我相信我們之中的任何人只要坐著輪船一直向西行，都會發現這個微不足道的陸地。所以說，發現新大陸沒什麼了不起，這不過是件誰都可以辦到的小事，根本不值得如此張揚。」

旁邊一位船長聽了之後，歎了一口氣說：「說起這件事情來，真是慚愧又失望。事實上，我也早有這樣的想法，打算一直往西航行，這樣肯定會有什麼新發現的，結果一直沒有機會去做，太可惜了，真是讓人失望！」

哥倫布聽了他們的談話，頗有風度地說：「您說的沒錯，這個世界上有很多事情真的很容易就能夠做到的。但是關鍵就是你是否想到了，然後也去做了。我之所以能夠榮幸地讓國王給我開這樣一個慶功宴，就是在於這個關鍵。」

繼而，他又轉向那位錯失良機的同行：「您不要再沉浸在失望的心情裡了，希望這次的經歷同樣能給您帶來啟迪，希望下一次您也能成功。」

從這個故事中，我們看到僅僅是想到而不去做，是失望的真正根源。很多美妙的想法，如果僅停留在腦海裡，而不落實到行動上，不但沒有任何意義，反而會在別人成功以後產生失望的不良情緒，這樣更不利於人生的健康成長。

每一個人或許都有過失望的經歷，你可以靜下心來仔細地分析一下你失望的原因，有多少次的失望是因為你有了美好的想法，卻被別人捷足先登而造成的？又有多少次失望是因為你想法在前，可是卻因為行動沒有堅持下來而以夭折告終而產生的？失望的情緒，是沒有任何積極意義的。我們要克服失望感帶來的挫敗和消極，從這一次的失望中獲得教訓，這樣才能避免下一次因為同樣的原因導致失望。

# 8·艱辛努力，付諸東流

人的一生不可能一帆風順，失敗就像前行的路上，突然出現了一道懸崖，阻斷了你繼續前行的路，也昭示了你前一階段的趕路是無功的。你或許只能折回最初的出發點，重新選擇方向，重新起程。這種失敗自然是很折磨人的，或許我們數日，甚至數年的努力都付諸東流，但是我們沒有選擇，我們只能接受這樣的人生安排，振奮起來，重新選擇前進的路。

失敗是成功的母親。每一個成功的人也都是由失敗一步一步走來的，所以不要畏懼失敗，不要因為失敗痛哭不止，甚至忘記了重新趕路；也不要因為害怕失敗而拒絕重新來過。無論你做什麼，一次成功的機率是很小的，而且越是偉大的事情，越是百經坎坷才能完成。所以，不要再為了昨天的失敗而耿耿於懷，對著失敗勇敢地笑一下，相信新的一天就有奇蹟出現。

不可否認，失敗對人的打擊是巨大的，但是我們不能因為這沉重的打擊，就喪失了對明天的希望。表面上看因為這次失敗，你先前做的努力，耗掉的時間都付諸東流，可是實際上它並不是完全沒有意義的，起碼它向你指明了這條方向是錯誤的，為你今後的正確選擇奠定了基礎。

作為一名成功人士，李易至今對於八年前的那次投資失敗記憶猶新。對他而言，那次失敗真的是命運的轉捩點，如果他沒有邁過那個大坎，現在的他或許依然是落魄不堪。

創業之路是艱難的。他的公司在激烈的市場競爭中跌跌絆絆地一路走來，雖然一直沒有很多的成績，但是也是穩中求進。不料，由於他的一次投資失敗，不但沒有獲得利潤，而且差點將他的老本全都賠進去。公司的員工辭職的辭職，跳槽的跳槽，好好的一個公司眼看就垮了。看著這樣的失敗，一時之間，李易心灰意冷，他時常借酒澆愁，看著眼前的爛攤子，愁上加愁。家人、朋友的勸告也沒有效果，那時候的他腦子裡面全是「失敗」兩字，一想到這次失敗把他好幾年的心血全部賠進去了，他就寢食難安。

後來，因為精神不佳，大量吸煙、長期失眠等一系列的問題導致了他身體的不適，最終他接受了朋友和家人的勸告，去接受了心理醫生的輔導。在醫生的幫助下，他慢慢地開始冷靜下來，開始重新思考。他意識到，生意上的失敗帶給他的不過是錢財的損失，但是精神上的失敗則會導致他人生的損失。

自助者，天助也。在他打算振奮精神，重新來過的時候，上天也給了他一個機會。他以前的一個生意夥伴，主動聯繫上他，要與他共同完成一個生意計畫。有了以前的經驗，他在這次難得的機會中發揮了超常的慎重和冷靜，圓滿地完成了合作，穩賺了一筆。從那以後，他和他的公司又恢復了以前穩中求進的狀態，以前的那次失敗讓他學會了慎重從事，也學會了如何正確地看待失敗。

人生不如意事十有八九，所以正確地看待失敗的出現，不要埋怨命運對你不公。成功對於每一個人都是公平的，而你是否能從失敗的陰影中走出來，繼續趕路這才是你是否能取得成功的關鍵。相信所有的努力都不會白白流走的，它們或許正以別的形式在支持著你的成功罷了。

# 第2章
# 生活多變，再苦也要笑一笑

「人生是由一連串無聊的符號組成。」我們生活中的大多數時光都在很普通的日子裡度過，有時，看似很正常的生活，感覺上卻似走進生活的誤區。有點兒渾噩，有點兒疲憊，有點兒茫然，有點兒怨……恨總之，被苦悶所佔據。此時，不妨笑一笑，我們會發現，苦悶會慢慢消失。

# 1・人生也許失意，笑一笑就能奮起

一位律師到英國國家船舶博物館參觀，以調節他失意的心情。當時他剛打輸了一場官司，委託人也於不久前自殺了。儘管這不是他的第一次失敗辯護，也不是他遇到的第一例自殺事件，然而，每當他遇到這樣的事情，總是有一種負罪感。他不知該怎樣安慰那些在生意場上遭受了不幸的人，那些人有的被騙，有的被罰，也有的因打輸了官司，落得債務纏身。

當他在國家船舶博物館觀看那些舊船時，忽然被一艘經歷不凡的船吸引住了。這艘船原屬於荷蘭福勒船舶公司，於一八九四年下水，在大西洋上曾138次遭遇冰山，116次觸礁，13次起火，207次被風暴扭斷桅杆，然而它並沒有沉沒，英國勞埃德保險公司基於它不可思議的經歷，將這艘船體變形、創痕累累的船，從荷蘭買回來捐給國家。

這位律師看到這艘船後，產生了一個想法：為什麼不讓那些生意場上的失意者來參觀參觀這艘船呢？於是，他就把這艘船的歷史抄下來，和這艘船的照片一起掛在他的律師事務所裡。每當商界的委託人請他辯護，無論輸贏，他都建議他們去看看這艘船，自此，在他的委託人中，再也沒有發生過自殺事件。

據英國《泰晤士報》說，截止到一九八七年，已有一千二百三十萬人參觀過這艘船。我們的一生，也可以像那艘不沉之船一樣，勇往直前。只要我們不放棄希望，樂觀地對待人生的每一次挫折。

有個人把自己多年的積蓄以及全部財產，都投資到一種小型製造業上。由於對變化無常的市場把握不當，再加上前幾年原料價格不斷上漲等原因，他的企業垮了，他脾氣變得很暴躁，致使妻子也離開了，他處於絕境之中。他對自己的失敗、對自己那些損失無法忘懷，畢竟那是他半輩子的心血和汗水。好幾次，他都想跳樓自殺，一死了之。

一個偶然的機會，他在一個書攤上看到了一本名為《怎樣走出失敗》的書籍。這本書給他帶來了希望和重新振作的勇氣，他決定透過出版者找到這本書的作者，希望作者能夠幫助他重新站起來。

當他找到那本書的作者，講完了他自己的遭遇時，那位作者卻只是輕輕地對他說：「我已經以極大的興趣聽完了你的故事，我也很同情你的遭遇，但事實上，我也無能為力，一點忙也幫不上。」

他聽了，臉色立刻變得十分蒼白，低下了頭，嘴裡喃喃自語：「這下子，我徹底完蛋了，一點指望都沒有了。」

那個作者停了片刻，才又對他說：「抱歉！雖然我無能為力，但我可以讓你見一個人，他能夠讓你東山再起。」

他聽了立刻跳起來，用力地抓住作者的手，說：「看在老天爺的分上，請你立刻帶我去見他。」

作者站了起身，把他領到他家裡的穿衣鏡面前，用手指著鏡子說：「這個人就是我要介紹給你的人，在這個世界上，只有這個人能夠使你東山再起。除非你坐下來，徹底認識這個人，否則你只有跳樓了。因為在你對這個人沒有充分認識以前，對於你自己或這個世界來說，你都將是沒有任何價值的廢物。」

他站在鏡子面前，看著鏡子裡的那個滿臉鬍鬚的憔悴面孔，認真地看著、靜靜地想著。看著看著想著想著，他哭了起來。

幾個月之後，那位作者在大街上碰見這個人，幾乎認不出來了。他的臉不再是幾十天沒刮的樣子，腳步也異常輕快，頭抬得高高的，衣著也煥然一新，完全是一個成功者的姿態。

他對作者說；「那一天我離開你家時，只是一個剛剛破產的失敗者。我對著鏡子發現自己也不願意看到這麼頹廢的自己，我要改變。現在我又找到一份收入很不錯的工作，妻子也回來了。我想用不了幾年，我就會東山再起。」

一個人如果懶於行動，容易退縮，並且在困難中日益消沉，那你追求的就不是成功，而是失敗了，因為我們把失敗當做了終極，在這兒止步不前，將是我們一生的失敗。

用樂觀的心態去勇敢地面對吧。快樂是一種心態，一種情緒。這種心態和情緒與挫折和失敗無關。如果天下的人們，用鮮花鋪滿自己心靈的春天，用快樂填充自己的平常生活，一個腳印接著一個腳印地走，那麼每一個腳印都是一首成功的歌！

# 2．命運也許不公，笑一笑就能扭轉

一個自以為很有才華的人，一直得不到重用，為此，他愁腸百結，異常苦悶。

有一天，他去質問上帝：「命運為什麼對我如此不公？」上帝聽了沉默不語，只是撿起了一顆不起眼的小石子，並把它扔到亂石堆中。上帝說：「你去找回我剛才扔掉的那個石子。」

結果，這個人翻遍了亂石堆，卻無功而返。這時候，上帝又取下了自己手上的那枚戒指，然後以同樣的方式扔到了亂石堆中。而這一次，他很快便找到了那枚戒指——那枚金光閃閃的金戒指。上帝雖然沒有再說什麼，但是他卻一下子便醒悟了：當自己還只不過是一顆石子，而不是一塊金光閃閃的金子時，就永遠不要抱怨命運對自己不公平。只要自己努力把自己變成戒指就可以了。

當一個人凡事都怪運氣不好的時候，他就很難跳出那個框框了。總之，最重要的是不要隨隨便便地就把一切責任往命運身上推。宿命論者，大多非常灰暗、悲觀。他們越是這樣，幸運女神就越不會去眷顧他們，他們就更相信是運氣不好，而造成一種惡性循環。這種人事情做得好不好基本上並不是問題，成為問題的是他們老是把一切推到命運上這件事。

能夠開朗工作的人，大多不會是宿命論者。凡事請我們都要往好的方面想。如此一來才有可能不斷地給我們帶來好運，我們也就快樂起來了。

法拉第是一個窮孩子，住在倫敦的一個破舊不堪的馬棚裡，他每天都要背著一大捆報紙到街上去賣，每份報紙一便士，他就靠這點錢來維持自己的生活。他還在裝訂商和圖書出版商那裡當過七年的學徒。

有一次，他在裝訂《大不列顛百科全書》的時候，無意間看到了一篇介紹電的文章，這篇文章就像磁鐵一樣吸引了他，直到一口氣把這篇文章讀完為止。他完全被電吸引住了，只見他找來一個玻璃瓶、一個舊的平底鍋，再加上幾件很簡單的工具，就開始做有關電的實驗了。

有一位顧客被這個小男孩的好奇心感動了，他把法拉第帶去聽著名化學家弗萊・大衛的講座。法拉第聽了大衛的講座，斗膽給他寫了一封信，並且把自己聽講座的筆記送給大衛審閱。

就在此後的一個晚上，正當法拉第準備上床睡覺的時候，大衛的馬車停在了他那很簡陋的住所門口，一個僕人走下馬車，遞給法拉第一封大衛的親筆信，信中邀請法拉第到他那裡去。他讀著這封神聖的信，簡直就無法相信自己的眼睛。

第二天早晨，他去拜訪大衛先生。這位科學家請法拉第給他做一些清洗實驗儀器和搬運設備的工作。這對他來說是求之不得的。在做一些有危險性的試驗時，大衛總是戴著一副玻璃做的安全面具，而法拉第一點也不怕這些東西，總是全神貫注地看著大衛的一舉一動，大衛看到那雙充滿求知欲的眼睛，心裡也感到很激動。

經過一段時間的觀察和學習，法拉第開始做起實驗來了。很快，憑著他的勤奮和悟性，他的成果不斷地湧現出來。許多一流的科學家都紛紛邀請這位當初沒有任何「機會」的窮孩子給他們作報告。這個自強不息的孩子，因為對知識的渴望，終於站在巨人的肩膀上，攀登上了科學的高峰。

一八二四年，法拉第被選為皇家學會院士，次年被派為實驗室主任。一八三三年被選為皇家研究院終身職，任職而不需要講課。這是一個十分榮譽的待遇。雖然他受的正式教育很少，但卻成為歷史上最有影響力的科學家之一。

# 3．困難也許很大，笑一笑就能化解

用微笑面對我們遇到的嚴重困境，用豁達的心態面對我們遭遇到的一切打擊，那麼，所有的困境和打擊都會在我們的微笑面前低頭。

百貨店裡，有個窮苦的婦人，帶著一個約四歲的男孩在轉圈子。走到一個快速照相的小屋前，孩子拉著媽媽的手說：「媽媽，讓我照一張相吧。」媽媽彎下腰，把孩子額前的頭髮攏在一旁，很慈祥地說：「不要照了，你的衣服太舊了。」孩子沉默了片刻，抬起頭來笑著說：「可是，媽媽，我仍會面帶微笑的。」

聽完這個故事，我們已被那個小男孩簡單的話感動得淚眼盈盈。

試問一下，如果在生活中，我們每個人都像那個小男孩一樣貧窮、衣衫襤褸，甚至一無所有，我們會像他一樣從容、坦然、開懷地微笑嗎？我們相信，在這個世界上，沒有任何東西能比一個燦爛開懷的微笑，更能打動人們的心。

無論我們身處何方、無論我們身兼何職、無論我們此刻陷入了多麼嚴重的困境或遭到了多麼大的挫折和打擊，我們都要用微笑去面對一切。那麼，一切的不幸和困惑都會屈服在我們的微笑之下。微笑是人類最簡單、最易懂的語言，它能消除人與人之間的隔閡，可以化解人與人之間的堅冰。我們的一個微笑也可以撫慰自己的心靈，讓生活充滿了陽光雨露。

既然我們知道挫折、困境，甚至不幸的遭遇是人生道路上所不可避免的，那我們為什麼不能坦然樂觀地去面對這一切，讓我們的靈魂始終微笑呢。自強不息是我們生命中蘊含著的不可阻擋的力量。這種力量會使我們人生中所有的苦難如輕煙一般隨風飄散，然後徹底地消失。

記住：儘量消除或減少一切的消極和悲觀情緒。每天，都努力在你生活的周圍去尋找讓我們開心和快樂的事情。

生活中的種種困境和不幸對我們造成的挫敗感像烏雲擋住太陽一樣遮住了視線，讓我們看不到光明。如果我們試著換個角度去看待這個世界，就會驚奇地發現，世界一片光明，大自然充滿了生機和活力，生活是多姿多彩的。活著就要享受生活中的一切快樂和痛苦，不要鑽牛角尖和自己過不去。

人活在這個世界上會遇到各種各樣的事情，或喜或憂，或成功或失敗，我們無從選擇。我們可以做的只有調整好自己的情緒，遇到任何事情都往好的方面考慮。

這樣，不但能夠幫助我們更好地處理各種問題，更多的是可以獲得身心健康，我們又何樂而不為呢？

托爾斯泰在他的散文名篇《我的懺悔》中，講了這樣一個故事：

一個男人被一隻老虎追趕而掉下懸崖，慶幸的是在跌落過程中他抓住了一棵生長在懸崖邊的小藤根。此時，他發現，頭頂上，那隻老虎正虎視眈眈地看著他，低頭一看，懸崖底下還有一隻老虎，更糟的是，兩隻老鼠正忙著啃咬懸著他生命的小藤條的根鬚。絕望中，他突然發現附近生長著一簇野草莓，伸手可及。於是，這人伸手摘下了草莓，塞進嘴裡，自語道：「多甜啊！」

在生命的旅途中，病痛、絕望、災難、不幸都會不約而同地向我們逼近，而讓我們陷入無奈的困境。不知我們是否會像上面這個故事所講的那樣，即使在最困難、最低潮的時刻，還能享受一下野草莓甜甜的滋味？

只有在絕境中仍然可以十分冷靜以待的人，才能真正領悟到快樂的真諦。

如果我們在逆境中可以保持理智和清醒，我們就可以因此而更加全面地認識自己的優點和不足。

日常生活中我們常面臨工作不得志，情場失意，家人朋友之間的誤會等。其實，生活中與人相處的種種情況，就如同冬去春來，冷暖交替的變化。等到一切都煙消雲散時，我們才發現，當時的行為舉動實在是幼稚、荒唐。

但等到下一次類似的事情發生時，我們又一次重覆地抱怨、不滿，從未想過汲取以前的經驗和教訓。就這樣我們在困惑和清醒之間遊移徘徊，從原點開始，然後又回到原點，自身得不到半點的突破和成長。

生活中的逆境就如同大街上的紅綠燈一樣，偶爾限制我們的前進，讓我們停下來做個短暫的休息，順便看看自己是否走錯了方向，這不是一種障礙，而是為了讓我們更好地完成我們的旅途。

所以，當我們身處逆境時，我們應該不斷自我反省，重新認識自己。因為太多的時候，我們並不能真正地認清自己，我們總是有意或無意地否定自己內心存在著的種種困惑、孤寂和空虛。同時，由恐懼引起的各種不良的負面情緒使我們錯失了反省的機會。人在順境時的得意是非常自然的事情，但我更希望我們能在逆境中苦中作樂，把自己的心情放平靜，去全面地認識那個平常被我們疏忽的自己，從而幫助自己在生活中更好地成長。

# 4．煩惱也許很多，笑一笑就能快樂

有個王子，一天吃飯時，喉嚨裡卡了一根魚刺，醫生們束手無策。這時一位農民走過來，一個勁地扮鬼臉，逗得王子止不住地笑，終於吐出了魚刺。

一對夫妻因為一點生活瑣事吵了半天，最後丈夫低頭喝悶酒，不再搭理妻子。吵過之後，妻子先想通了，便想和丈夫和好，但又感到沒有臺階可下，於是她便靈機一動，炒了一盤菜端給丈夫說：「嚐一嚐吧，吃飽了我們再來吵。」一句話把正在生悶氣的丈夫給逗樂了，見丈夫真心地笑了，她自己也樂開了。就這樣，一場矛盾在笑聲中化解開來。

雪萊說過：「笑實在是仁愛的表現，快樂的源泉，親近別人的橋樑。有了笑，人類對感情就容易溝通了。」

不妨給自己一個笑臉，讓來自於心底的那分執著，鼓舞自己插上理想的翅膀，飛向最終的成功；讓微笑激勵自己產生前行的信心和動力，去戰勝一次次的困難，闖過重重的難關。

笑是快樂的象徵，是快樂的源泉。笑能化解生活中的尷尬，能緩解工作中的緊張氣氛，也能淡化憂鬱。既然笑聲有這麼多的好處，我們有什麼理由不讓生活充滿笑聲呢？不妨給自己一個笑臉，讓自己擁有一份坦然；還生活一片笑聲，讓自己勇敢地面對艱難。這是怎樣的一種調解，怎樣的一種豁達，怎樣的一種鼓勵啊！

我們的一生，也可以像那艘不沉之船一樣，勇往直前。只要我們不放棄希望，樂觀地對待人生的每一次挫折。

# 5．腳步也許沉重，笑一笑就會輕鬆

我們生活中的每一天都將會是一個非常積極的經歷，這一天因為用於對成功的意義進行反思而成為倒計時進程的一個里程碑。今天，當我們對自己的變化感到高興時，不妨拿出一點時間來為自己已經取得的成果慶祝一下。正如人們所說的那樣：成功的意義不在於它的目標，而在於它的過程。在這個過程中，每一個前進的步伐都帶有一份快樂。我們可以惡待每一天，但我們得不到什麼；我們還可以善待每一天，並且我們可以得到許多。

說這一天是有意義的一天，並不表明我們是整天耽於樂觀臆想的人，恰恰相反，我們是非常實際的人。這樣說是因為，我們必須確定該如何看待自己的世界，因為我們明白即使是最慘痛的失敗和最沉痛的經歷，裡面也蘊涵著有價值的教訓。每一個失敗都使我們更接近成功。如果我們能夠學會對自己生活中發生的每一件事情，無論是好的還是壞的，都能夠作出正確的評價，我們就能夠讓自己的每一天的生活愈加充實完美。這種生活態度激勵我們不斷地走向更大的成功。

成功不是一件非得等待許久的事情，不是一件只存在於遙不可及的未來的事情，成功存在於每一天前進途中的每一個能給我們帶來欣喜的小小收穫之中。現在就採取這樣的生活態勢，明白自己已經在許多方面獲得了這樣那樣的成功。這會讓我們感覺到無論自己選擇什麼樣的成功之路都是有意義的，從而更有信心地接近自己的成功目標。

曾有一位美國作家寫過許多勵志書籍，其中有一本是《只有渴望是不夠的》，書中對生命的意義作出了闡述。書中作者不無尖銳地指出：我們都在努力走向成功，並竭力向周圍的每一個人表明我們的努力。

非常不幸的是，這種努力有的時候佔據了我們的整個生活。我們從來沒有時間去和我們生活周圍的人們做有意義的接觸，而是錯誤地認為我們以後會有時間再去彌補的。我們總是忽視我們所愛的人，忽略每一天平常生活中的不平常趣味，總是到了一切都已經變得太遲了時才惶恐地珍惜與懊悔。記住，在我們彌留之際躺在病榻上時，誰也不會去說：「我希望用更多的時間去賺錢。」

人生如同一艘在大海中航行的帆船，掌握帆船航向與命運的舵手便是自己。有的帆船能夠乘風破浪，逆水行舟，而有的卻經不住風浪的考驗，過早地離開大海，或是被大海無情地吞噬。之所以會有如此大的差別，不在別的，而是因為舵手對待生活的態度不同。

前者被樂觀主宰，即使在浪尖上也不忘微笑；後者是悲觀的信徒，即使起一點風也會讓他們膽戰心驚，讓他們祈禱好幾天。一個人或是面對生活閒庭信步，抑或是消極被動地忍受人生的淒風苦雨，都取決於對待生活的態度。

一個人快樂與否，不在於他處於何種境地，而在於他是否持有一顆樂觀的心。對於同一輪明月，在失意不得志的柳永身上就是：「楊柳岸，曉風殘月。此去經年，應是良辰好景虛設。」而到了瀟灑飄逸、意氣風發的蘇軾那裡，便又成為：「但願人長久，千里共嬋娟。」

同是一輪明月，在持不同心態的不同人眼裡，便是不同的，人生也是如此。

上天不會給我們快樂，也不會給我們痛苦，它只會給我們生活的佐料。調出什麼味道的人生，那只能在我們自己。我們可以選擇一個快樂的角度去看待它，也可以選擇一個痛苦的角度，像做飯一樣，我們可以做成苦的，也可以做成甜的。

# 6．也許不能更好，笑一笑就會滿足

有些人始終對自己的生活不滿意，總認為自己一輩子倒楣，運氣太差了。那麼，這些人不妨讀讀這篇文章：

生活是極不愉快的玩笑，不過要使它美好卻也不是很難。為了做到這點，光是中頭彩贏了一筆財富，得了榮譽無上的勳章，娶個漂亮的女人，以好人出名，還是不夠的——這些福分都是無常的，而且也很容易習慣。為了不斷地感到幸福，甚至在苦惱和愁悶的時候也感到幸福，那就需要善於滿足現狀，很高興地感到——「事情原來可能更糟呢？」

——要是火柴在你的口袋裡燃起來了，那你應當高興，而且感謝上蒼：多虧你的口袋不是火藥庫。

——要是你摔了一跤，弄得滿身泥濘，你不要抱怨，應該慶幸：「還好，沒有摔斷腿！」

——要是你挨了一頓棒子，那就該想一想：「我多麼運氣，人家總算沒有拿帶刀子捅我！」

——要是你的情人對你變了心，那就該高興，幸好不是老婆背叛了你。

依此類推……朋友，照著我的勸告去做吧，你的生活就會歡樂無窮了。

將這篇文章伸展開來，我們可以想一想——

如果虛度了今天，那麼就暗自慶幸，還有明天，可以重新開始。

如果錯過了太陽，不要流淚，不然就要錯過群星了。

如果正在刮颱風下雨的時候，我們正在街上，把雨傘打開就夠了，犯不著去說：「該死的天，又下雨了！」這樣說對於雨滴，對於雲和風都不起作用。我們不如說：多好的一場雨啊！這句話對雨滴同樣不起作用，但是它對我們自己有好處，同時也可以把快樂傳遞給別人。

在一個「精英」培訓班上，有一個公司的總經理在公眾面前談他的成功經驗時說：「我其實沒有什麼成功經驗。到今天為止，40多年來，我每天做的都是很平常的事情。每天我都按計劃做我每天的事情，一件事情做完了，接著再做下一件事情。走到今天，應該說我對自己還是滿意的，因為，我計畫中的目標都實現了。我目前有了自己的房子、車子、公司，最近又將不住在一塊的父母接到了身邊，我感到生活讓我平實地走了過來，我對生活也充滿著摯愛，我在生活中學會了平常的付出，而生活卻給了我超常的回報。」

這是一種心態，也是一種成功。

生活是一面鏡子，我們對它笑，它就對我們笑；我們對著它哭，它就對著我們哭。是哭是笑，取決於我們怎麼樣面對它。每天對自己笑一笑，笑出一份好心情，笑出一份自信。每天對自己笑一笑，就是自我調整情緒，給自己一份輕鬆，讓自己有一種良好的心態。

# 第3章
# 道路崎嶇，樂觀能擺平一切

在這個世界上，兩種不同的人造就了兩種不同的態度：悲觀的人，選擇了消極的態度；樂觀的人，則選擇了積極的態度。面對生活，悲觀的人總是會失望，甚至是絕望；相反，樂觀的人卻總會在失望中尋找到一線希望。態度可以決定一切，情緒可以支配人生，只要我們選擇豁達樂觀，釀造出積極進取的情緒，我們就會在人生的旅途中走向快樂，走向成功。

# 1・想要擊垮厄運，首先振奮精神

不論是先天的，還是後天的，只要我們能夠意識到自我，我們就會改變自己。在這個世界上，每個人的性格千差萬別，情感也是千姿百態，膽大或膽小，內向或外向，樂觀或悲觀，自信或自卑，它們並不單單取決於所謂的遺傳基因，更多的在於後天的陶冶和磨練。

根據心理學家的調查表明，至少75%以上的成年人都認為自己的一系列情感，如憤怒、興奮、快樂、埋怨、恐懼都是自然形成的，是無法選擇和控制的。於是，他們便聽天由命，任由感情（情緒）擺佈。這正好說明大部分人的情感和性格，是由外界的環境等因素所掌控的。

事實上，我們不但能夠磨練自己的性格，也可以選擇自己的情感，只要我們用遠大的目光去認識和看待我們生存的這個世界，用頑強的毅力去改造我們周圍的環境，用豁達的心情去認知和感悟我們的一切遭遇，我們就一定能夠清除自己心理上的障礙和陰影。

生活中許多的煩心、哀愁和不如意常常都是「自尋煩惱」、「庸人自擾」的結果。有些看起來複雜的事情其實根本不重要，只是我們對生活的理解不夠豁達寬容，而使某個問題成了一條捆綁生命活力的鎖鏈。

當一個人能從心裡對自己的生命充滿感激意識時，他所散發出來的魅力能讓世間所有的人感動。

有一個哲人曾說：「當鞋合腳時，腳便被忘卻了。」太多的時候，我們的生命處於被遺忘的狀態。太刻意於外在的東西，內在的寶貴便淡化了。

事實上，在上天賜予我們生命的時候，也賦予了我們快樂的能力。人之所以痛苦的根源在於，人在心靈上的難以滿足，對生命有太多的不滿和抱怨，唯獨少了一份感謝，快樂也因此與他們無緣。當一個人對自己的生命充滿了發自內心的感激時，他所散發出來的魅力，卻能讓世界上所有的人都感動。

傑米・杜蘭特是上一代的偉大藝人之一。他曾被邀參加一場慰問第二次世界大戰退伍軍人的演講，但他告訴邀請單位自己行程很緊，連幾分鐘也抽不出來，不過假如讓他作一段獨白，然後馬上離開趕赴另一場演講的話，他願意參加，安排演講的負責人欣然同意。

當傑米走到臺上，有趣的事發生了。他做完了獨白，並沒有立刻離開，掌聲愈來愈響，他沒有離去。他連續演講了15分鐘、20分鐘、30分鐘，最後，終於鞠躬下臺，後臺的人攔住他問道：「我以為你只講幾分鐘哩！怎麼回事？」

傑米回答：「我本打算離開，但我可以讓你明白我為何留下，你自己看看第一排的觀眾便會明白了。」

第一排坐著兩個士兵，兩人均在戰爭中失去一隻手。一個人失去左手，另一個則失去右手。他們正在一起鼓掌，而且拍得又開心，又響亮。

那麼，如果我們還活著，如果我們還不是特別地窮困潦倒，如果我們還有健全的四肢，我們有什麼理由不對生命充滿感激呢？

人生快樂也是一輩子，痛苦也是一輩子，那為什麼不讓自己活得快樂一些呢？生活中，人總是在追求最大的幸福，具體地說，只是不斷地在提高自己的物質生活水準。然而，太多的時候，生活並不是一帆風順，事事如意。王子和公主的浪漫和幸福只是寫在童話裡的，那只是人們對美好生活的一種嚮往。

大部分人誤以為金錢是幸福的象徵。也許我們正羨慕著別人的豪宅、進口車以及手裡大把大把的鈔票。但太多的例子證明，金錢並不能使人感到最大程度的幸福。我們可以用錢買來舒適的床鋪，但買不來良好的睡眠。我們可以用錢買來高檔的化妝品，但我們買不來青春美麗。我們可以用錢買來漂亮的房子，但我們買不來幸福的家。我們可以用錢買來昂貴的保健品，但買不來健康。

因此，我們無法用金錢買來幸福，幸福不是寫在我們臉上的，而是自己從心底感覺到的。

有人曾說過，「人之所以幸福，是從他的心靈感受到幸福開始的。」

幸福其實很簡單：它是家庭餐桌上的歡歌笑語；是我們生病時，親友一句親切的問候和祝福；是花前月下情人的牽手漫步；是和心愛的人白頭到老。

幸福是一種感覺，它就藏匿在我們生活的空間中，是生活點點滴滴的彙聚。因此，每個人如果都知道樂觀積極的態度可以使我們擁有幸福、希望、勇氣和力量的話，就應該努力獲取我們真正想要得到的東西。

# 2・想要打破困境，首先學會微笑

我們生活中所遇到的每一個問題，都會在某個時間，由某個人，用某種方法給予解答的。

在這個科技不斷發展、競爭白熱化的時代，我們每個人隨時都將面臨被淘汰的局面。經濟危機、就業危機使我們中的一部分人陷入了無限的焦慮，甚至是恐懼，這種情緒對我們心理施加了壓力，進而導致了我們悲觀絕望的心態。我們應當努力克服它，學會在黑暗中尋找光明。

生活中失敗和挫折是難免的，問題的關鍵是當挫折和失敗來臨時，我們應該仔細地分析它，進而得到解決問題的方法。千萬不要放大挫折，它未必是我們想像的那麼糟，更不要把失敗歸結於命運，認為所有的挫折都是冥冥之中注定的。這樣的話，在困難面前，我們會失去主動權而變得尤為被動。

常在商店中見到一尊佛像，但這尊佛像與其他的佛像大異其趣。他光著大肚皮坐臥於地，咧嘴露牙地捧腹大笑，看起來特別具有親和力及喜悅感。他便是「大肚能容，了卻人間多少事；滿腔歡喜，笑開天下古今愁」的彌勒佛。

彌勒佛之所以令人敬服的特質，就在於他的「豁達大度」。一件事有許多角度，有好的一面，亦有壞的一面，有樂觀的一面，亦有悲觀的一面。就好比一個碗缺了個角，乍看之下，好似不能再用；若肯轉個角度來看，我們將發現，那個碗的其他地方都是好的，還是可以用的。

若凡事皆能往好的、樂觀的方向看，必將會希望無窮；反之，一味地往壞的、悲觀的方向看，定覺興致索然。

凡事往好的方面想，自然會心胸寬大，也較能容納別人的意見。寬大的心胸，不但可以使人由別的角度去看事情，更能使自己過上悠然自得的日子。

有一回，釋尊的一位大弟子被一位婆羅門侮辱，但他對於婆羅門的辱罵只是充耳不聞，未予理會。因為他知道，一個會以辱罵別人來凸顯自己的人，在個人的修養和品行上都有問題。

婆羅門見到他無端被自己辱罵，不但沒有生氣，且微笑地答辯，真不愧是聖者，終於自知理虧地離開了。

我們應該效法彌勒佛笑口常開的個性，並學習他用積極開朗的態度去解決一切問題。在這充滿爭鬥的繁華世界之中，唯有以最自然無爭的態度，並處處流露服務他人的意念，才能散發人性至真、至善、至美的光明面。

西諺有云：「當你笑時，全世界都跟著你笑；當你哭泣時，只有你一人哭泣。」日本有句老話：「笑門福來。」如果我們想要福氣的話，在每天出門時就多練習笑容吧！

# 3・想要擺脫不幸，首先轉變態度

有一個人，他覺得自己從小到大都是一名失敗者，失敗永遠陪伴在他的身邊，因此他從來都不快樂。他感到上天的不公平，於是，他決定去尋找上帝，詢問上帝快樂是什麼。

這個人翻山越嶺，來到河邊，見到一位老翁，就走過去問：「老人家，快樂是什麼？」那位老人回答他：「快樂就是每天都能釣到魚，那就是快樂。」這位年輕人繼續他的旅途，他渡過了河，來到了森林中，遇見一個正在趕路的中年男人，就問他：「快樂是什麼？」那個中年男人回答他：「快樂就是每天都能捕獲獵物。」

所以說，快樂就是活在當下，就在你現在立足的腳下。

有一位住在佛羅里達州的快樂農場主，他曾創造了一個商業上的奇蹟。在他當初買下那塊農場時，那裡土地貧瘠，各種果樹都不適合種植，甚至連養豬也不適宜。除了一些矮灌木與響尾蛇，什麼都難以生存，他幾乎看不出這塊土地還有什麼用途。因此一開始，他的心情十分低落。後來他想到個好主意，他決定再投資，開發利用這些響尾蛇資源。於是他不顧大家的反對，他開始把響尾蛇肉加工成罐頭。而且，旅遊資源也成了他的又一生財之道，每年有平均兩萬名遊客到他的響尾蛇農莊來參觀。遊客到這裡親眼目睹毒液被抽出後送往實驗室製作血清，蛇皮被他高價售給製鞋工廠生產女鞋與皮包，蛇肉罐頭則運往世界各地。連當地郵戳都蓋著「佛羅里達州響尾蛇村」，可見當地人都以這位農場主人為榮。

快樂的人生態度，總能使人把不幸化為一種機會。

著名的神學家哈里・愛默生・福斯狄克曾語重心長地說：「真正的快樂不一定是愉悅的，它多半是一種思想上的勝利。」沒錯，快樂源自一種成就感，一種自我超越的勝利，一種將酸檸檬榨成檸檬汁的經歷。

每天清晨都告訴自己：生活是如此美好，我感到很快樂。懂得為自己歌唱、為生活歌唱、為生命歌唱的人，快樂就會緊緊相隨。當我們快樂時，周圍的人受到我們的感染，也樂得心情舒爽、開朗，自然喜歡與我們親近。

# 4・想要趕走悲觀，首先迎接樂觀

有人說，上蒼如果對我們關上了一道門，它一定會給我們打開另外一扇窗。面對生活，悲觀的人總是看到失望，甚至是絕望；相反，樂觀的人卻總是在失望中找到最後的一線希望。

事實上，人所處的環境和自身的遭遇無所謂好壞，問題的關鍵在於我們如何去想。悲觀的人和樂觀的人的差別恰恰在於對待事情不同的看法上。假如在我們如饑似渴的時候，看到了半杯水，那麼我們是選擇為自己擁有半杯水而慶幸呢，還是不停地抱怨，怎麼不是一杯或一桶水呢？

一位心理學家曾經做過一個試驗，他讓一批學生打電話給陌生人，讓他們為某賑災機構捐款。當他們打了一兩次電話而毫無結果的時候，悲觀的學生說：「我幹不了這事。」樂觀學生則說：「我要換個法兒去試試。」這位心理學家認為：如果感到失望，那他就不會去掌握獲得成功所必需的技能。

樂觀者之所以成功是因為當事情一旦出差錯時，他們總是盡力尋找出差錯的原因，及時補救。在他們看來，成功應歸功於自己的努力。而悲觀者則是一味地抱怨、責備自己，為什麼會出差錯，他們把自己的成功視為是一種偶然。

悲觀是事業成功道路上的有害細菌，它會不斷地繁殖擴散，把人的心靈籠罩在陰影之下，使人失去了進取的動力。而樂觀則如同明朗天空中的陽光，給人以無窮無盡的鬥志和勇氣。

因此，一定要做一個樂觀的人，不要讓悲觀佔據我們的心靈。

當我們偶爾對人生失望，對自己過分關心的時候，我們也會沮喪，也會悄悄地怨幾句老天爺，可是一想起自己已經擁有的一切，便馬上糾正自己的心情，不再怨歎，高高興興地活下去。不但如此，我們也應該把快樂當成一種傳染病，每天將它感染給我所接觸的社會和人群。

# 5．想要征服世界，首先征服悲觀

如果我們曾細心觀察過周圍的成功人士，我們會發現，他們之中大多數人都擁有樂觀的秉性，而那些怨天尤人，吹毛求疵的人，通常容易陷入平庸無為的沮喪之境地。

這並非巧合，在樂觀與成功之間，彷彿有自然而然的因果關係存在。

我們相信，樂觀對我們事業的成功舉足輕重。通常，有志於自主創業的人們在事業之初，往往面臨否定、疑惑等消極資訊，而唯有積極的態度，才能開啟事業之門，並使之始終充滿活力，樂觀能促使我們排除疑惑，更加自信，樂觀能使我們設定目標，全情投入，樂觀能使我們堅持到底，收穫豐盛。

誠然，這世界並不總是向我們展示它樂觀的一面，也並不是所有人都在積極的環境中成長，我們可能不是天生的樂觀，但我們可以學習選擇樂觀。放棄生活中消極的一面，把握生活中積極的一面，當一切塵埃落定，我們會發現，生活中陽光總是多過風雨。

而今，樂觀的心態有利於我們的事業、學習，可能帶來的還有人生的改變，這已經被證明。自主創業需要樂觀精神。不妨現在就行動，把樂觀融入我們自己的人生哲學和生活方式中。

一代球王比利一九四〇年10月12日出生在巴西特雷斯柯拉索內斯鎮的一個貧寒家庭，小時只能赤腳踢球。13歲時，他開始代表當地的包魯俱樂部少年隊踢球，使該隊連續三年獲包魯市冠軍。這位天才少年引起人們注目。一九五六年，著名的桑托斯隊邀其入隊，頭一年，就攻入32個球，成為該隊最年輕的射手。

一九五七年，未滿17歲的比利首次入選國家隊，並首次參加世界盃賽。他以驚人的技巧馳騁賽場，使足壇驚呼：巴西出現了一位神童！在這位神童的激勵下，巴西隊愈戰愈勇，一一擊潰強勁對手，第一次為巴西捧回了世界盃。此後，在比利統領下，巴西隊又奪得一九六二年第7屆和一九七〇年第9屆世界盃賽冠軍，比利本人也成為至今世界上唯一一位奪得過三屆世界盃冠軍的球員。

比利是現代足球運動中最出類拔萃的人物，他功勳卓著，成就非凡，一直成為後人追尋的榜樣。在其長達22年的職業足球生涯中，他共參賽一三六四場，射入一二八二球，他贏得過世界盃冠軍、洲際俱樂部杯賽冠軍、南美解放者杯賽冠軍，幾乎贏得了國際足壇上一切成就，被人們譽為「一代球王」。

一九七七年10月10日，人們為球王舉行了盛大告別賽，賽後，比利在隊友和觀眾的歡呼聲中揮淚離場，結束了非凡的綠蔭生涯。

他初到巴西最有名氣的桑托斯足球隊時，他害怕那些大球星瞧不起自己，竟緊張得一夜未眠，他本是球場上的佼佼者，但卻無端地懷疑自己，恐懼他人。後來他設法在球場上忘掉自我，專注踢球，保持一種泰然自若的心態，從此便以銳不可當之勢進了一千多個球。

球王比利戰勝自卑的過程告訴我們：不要懷疑自己、貶低自己，只要勇往直前，付諸行動，就一定能走向成功。久而久之，就會從緊張、恐懼、自卑當中解脫出來。因此，不甘自卑，發憤圖強，積極補償，是醫治自卑的良藥。

樂觀是人們對事業和前途充滿信心的一種精神面貌，是成功者應有的品質。樂觀來自何處？樂觀來自對生活的強烈的愛。樂觀並不是迴避困難，樂觀是笑對人生的體驗。樂觀的基礎是對人生有美好追求。樂觀的大敵是誰呢？是悲觀。

一位著名的政治家曾經說過：「想要征服世界，首先要征服自己的悲觀。」在人生中，悲觀的情緒籠罩著生命中的各個階段。戰勝悲觀的情緒，用開朗、樂觀的情緒支配自己的生命，你就會發現生活有趣得多。悲觀是一個幽靈，能征服自己的悲觀情緒便能征服世界上的一切困難之事。人生中悲觀的情緒不可能沒有，要緊的是要擊敗它，征服它。

人生在世不如意事十之八九，這是一種客觀規律，不以人的意志為轉移。倘若把不如意的事情看成是自己構想的一篇小說或是一場戲劇，自己就是那部作品中的一個主角，心情就會變好許多。一味地沉浸在不如意的憂愁中，只能使不如意變得更不如意。

譬如打開窗戶看夜空，有的人看到的是星光璀璨，夜空明媚；有的人看到的是黑暗一片。一個心態正常的人可在茫茫的夜空中讀出星光的燦爛，增強自己對生活的自信；一個心態不正常的人讓黑暗埋葬了自己且越葬越深。

用樂觀的態度對待人生就要微笑著對待生活，微笑是樂觀擊敗悲觀的最有力武器。無論生命走到哪個地步，都不要忘記微笑著看待一切。微笑著，生命才能征服紛至遝來的厄運；微笑著，生命才能將不利於自己的局面一點點打開。

# 6・想要享受生活，首先敞開心扉

面對困難時，人一般有兩種反應：一種是很在乎，一種是不在乎。心理素質好的人不會把倒楣當做什麼事兒，可心理素質稍微差一些的人就不同了。他們認為上天不公，於是怨天尤人，甚至心懷怨恨，於是本來是一個熱情的人也會變得冷漠，以前是一個善良慈愛的人也會開始生恨。

於是在陌生人問路時，他不會動動嘴，而是不理不睬或者隨意指錯方向；馬路上有人丟了東西，他看在眼裡，絕不會喊他一下；散步時踩到一塊石子，不是踢到路邊去，而是踢到路中間；單位來了新同事，沒有給他一個微笑，而是冷眼欺生；有人遇到倒楣事，他更加不會安慰幾句，而是站在一旁幸災樂禍；有人做了好事，他也不滿，全是一股嫉妒之心等。

倒楣之後，是保持正常的心態，還是帶著惡意去生活，其實是一個態度的選擇，而且是一種很重要的選擇，每個人都繞不過去的。選擇善意的人心情是明朗的、愉快的、坦蕩的、溫馨的；選擇惡意的人，心境常常是陰暗的、煩躁的、猥瑣的。這種善說不上大善，這種惡說不上大惡。但日積月累著善意和惡意，卻會使人發生質的分化。向善會使人昇華為高尚，向惡會使人墮落為卑劣。向善的人會生活平靜，一步步走向成功；向惡的人會事事覺得不順，一步步走向失意。

比如生活中，人最討厭也最常見的「長舌婦」或者「長舌男」，幾乎每個單位都會有。仔細觀察一下，我們會驚訝地發現，這些人幾乎無一例外都是些生活中的失意者。一個家庭幸福、工作順利的人，一般不會做這種事。這類人不做正經事或者做不了正經事，就無事生非，平日連看人的眼神都不對，鬼鬼祟祟、伸頭探腦，打探別人的隱私，散佈一些流言，今天搗鼓張三，明天搗鼓李四，人見人怕，還自以為得意。但如果把精力放在這上頭，就說明他或她的日子已經不妙了。

一個在生活中被人害怕的人，肯定是一個被孤立的人，在別人心裡又是最沒有分量的人，當然會被人輕視。被人輕視又會造成他或她更大的失落和不如意。如此惡性循環，終至變態扭曲，狂躁不安，把自己弄得灰頭土臉。這種人既不會有家庭幸福，也不可能享受到同事朋友間的友誼，事業也難有所成。

人生得意時，不可欣喜若狂，目空一切；人生失意時，切忌長籲短歎，自暴自棄。人生得意時，要珍惜生活，清醒頭腦，不管別人阿諛奉承還是獻媚恭維；人生失意時，要熱愛生活，振作精神，不管別人指手畫腳還是冷嘲熱諷。

生命的航船難免遇到險灘惡浪，如何駕駛生命的小舟，讓它迎風破浪，駛向成功的彼岸？這需要我們的勇氣，不管風吹浪打，勝似閒庭信步，以百折不撓的意志去面對困難，以一種平常心去面對挫折，自信天生我才必有用，相信我們會從山窮水盡疑無路、峰迴路轉又一村的境地，迎接我們的必將是山巔的無限風光。人生難免有起伏，沒有經歷過失敗的人生不是完整的人生。沒有河床的沖刷，便沒有鑽石的璀璨；沒有地殼的底蘊，便沒有金子的輝煌；沒有挫折的考驗，也便沒有不屈的人格。正因為有挫折，才有勇士與懦夫之分，願我們都能做不屈的鬥士。

勉勵自己，關懷社會，有太多事情需要我們出手幫忙。很多人對人不尊重，對事不負責，對自己不要求，對物不珍惜，對神不感恩，遇到挫折情緒就翻騰——這是拿情緒懲罰自己，拿錯誤懲罰別人。告訴自己，挫折只是一件事，不能佔據我們的心，否則就是把快樂拒於門外；相對的，滿心的快樂，挫折就進不來。

# 7・想要看得真切，首先換個角度

在困境中，人們往往看不清楚方向，正所謂「雲深不知處」，這時保持積極向上的心態更為重要。

就像這樣的情況：烈日、沙漠，兩個人艱難地走著，一個人沮喪地說：「完了，我們只有半瓶水了。」另一個卻很高興：「太好了，我們還有半瓶水啊！」

換個角度看問題會使我們得到滿足，會使我們擁有快樂，會使我們……世界只有一個，換個角度看，我們就會發現美好的、與眾不同的第二個世界。

傑利是美國一家餐廳的經理，他總是有好心情，當別人問他最近過得如何，他總是有好消息可以說。

當他換工作的時候，許多服務生都跟著他從這家餐廳換到另一家，為什麼呢？因為傑利是個天生的自我激勵者，如果有某位員工今天運氣不好，傑利總是適時地告訴那位員工往好的方面想。

這樣的情境真的讓人很好奇，所以有一天有人問傑利：「很少有人能夠老是那樣地積極樂觀，你是怎麼辦到的？」

傑利回答：「每天早上我起來告訴自己，我今天有兩種選擇，我可以選擇好心情或者我可以選擇壞心情，我總是選擇有好心情。即使有不好的事發生，我可以選擇做個受害者或是選擇從中學習，我總是選擇從中學習。每當有人跑來跟我抱怨，我可以選擇接受抱怨或者指出生命的光明面，我總是選擇生命的光明面。」

「但並不是每件事都那麼容易啊！」那人抗議道。

「的確如此。」傑利說，「生命就是一連串的選擇，每個狀況都是一個選擇，你選擇如何響應，你選擇人們如何影響你的心情，你選擇處於好心情或是壞心情，你選擇如何過你的生活。」

數年後，傑利遇到了一件意外的事：

有一天他忘記關上餐廳的後門，結果早上三個武裝歹徒闖入搶劫，他們要脅傑利打開保險箱。由於過度緊張，傑利弄錯了一個號碼，造成搶匪的驚慌，開槍射擊傑利。

幸運的是，傑利很快地被鄰居發現，緊急送到醫院搶救，經過18個小時的外科手術，以及精心照顧，傑利終於出院了，還有顆子彈留在他身上。

事件發生六個月之後，傑利的朋友遇到他，問他最近怎麼樣，他回答：「我很幸運了。要看看我的傷痕嗎？」

朋友婉拒了，問傑利當搶匪闖入的時候他的心路歷程。

傑利答道：「我第一件想到的事情是我應該鎖後門的，當他們擊中我之後，我躺在地板上，還記得我有兩個選擇：『我可以選擇生，或選擇死。我選擇活下去。』」

「你不害怕嗎？」朋友問他。

傑利繼續說：「醫護人員真了不起，他們一直告訴我沒事，放心。但是在他們將我推入緊急手術間的路上，我看到醫生跟護士臉上憂慮的神情，我真的被嚇著了，他們的臉上好像寫著『他已經是個死人了』，我知道我需要採取行動。」

「當時你做了什麼？」朋友問。

傑利說：「嗯！當時有個高大的護士用吼叫的音量問我一個問題，她問我是否會對什麼東西過敏。我回答『有』。」

「這時醫生跟護士都停下來等待我的回答。」

「我深深地吸了一口氣喊著：『子彈！』」

「這時醫生和護士都在笑，臉上的憂慮神情都漸漸消失了，聽他們笑完之後，我告訴他們：『我現在選擇活下去，請把我當做一個活生生的人來開刀，不是一個活死人。』」

傑利能活下去當然要歸功於醫生的精湛醫術，但同時也由於他令人驚異的樂觀態度。

我們從他身上能夠學到，每天我們都能選擇享受我們的生命或是憎恨它。真正屬於我們的權利——沒有人能夠控制或奪去的東西——就是我們的態度。如果我們能時時注意這個事實，我們生命中的其他事情都會變得容易許多。

換個角度看世界，世界真的會不同。積極的心態很重要，它促使我們在面對矛盾和困難的時候，可以平和地對待。事情都是有正反面的，我們只有調整心態，才能透過現象看本質，才能險中求勝！

# 8・想要快樂生活，首先尋找快樂

有一位老師教小學生寫作文，題目是：「快樂是什麼？」一個小女孩寫道：「快樂就是在寒冷的夜晚鑽進厚厚的被子裡……快樂就是讓自己快樂。」是的，快樂就是讓自己快樂。

人是需要享受生命的。無論我們多忙，我們總有時間選擇兩件事：快樂還是不快樂。早上起床的時候，也許我們自己還不曉得，不過我們的確已選擇了讓自己快樂還是不快樂。

歷史學家維爾・杜蘭特希望在知識中尋找快樂，卻只找到幻滅；他在旅行中尋找快樂，卻只找到疲倦；他在財富中尋找快樂，卻只找到紛亂憂慮；他在寫作中尋找快樂，卻只找到身心疲憊。

有一天，他看見一個女人坐在車裡等人，懷中拖著一個熟睡的嬰兒。一個男人從火車上走下來，走到那對母子身邊，溫柔地親吻女人和她懷中的嬰兒，小心翼翼地不敢驚醒孩子。這一家人開車走後，留下杜蘭特深思地望著他們離去的方向。他猛然驚覺，原來日常生活的一點一滴都蘊藏著快樂。

相愛的托尼和歐萊婭，組建了自己的小家。但是他們生活比較貧困，為了讓歐萊婭過上幸福美好的生活，托尼不得不在新婚不久忍痛離開家，去很遠的地方謀生，歐萊婭答應托尼在家安心等他回來。

托尼在老闆那兒工作十五年後，臨行時老闆沒給他發工資，而是給了他三條忠告和三塊麵包。

這三條忠告是：

第一條：人生永遠沒有捷徑可走，便捷的道路可能使你命喪黃泉。

第二條：永遠別對可能是不好的事產生好奇之心，好奇心也可能要了你的命。

第三條：永遠別在自己痛苦的時候做出決定，那樣會後悔的。

老闆給托尼的三塊麵包，兩個讓他路上吃，另一個等他回家後和妻子一起吃。

在遠離自己深愛的妻子和家鄉十五年後，托尼踏上了回家的路。

一天後，他遇到了一個人，那人說：「你要走30多天的路，這條路太遠了，我知道有一條小路，幾天就可以到了。正當托尼準備走小路的時候，突然想起了老闆的忠告，於是他沒選擇走小路。後來得知那個人是強盜，讓他走所謂的小路，只是一個圈套而已。

幾天後，他走累了，發現路邊有家旅館，他打算住一夜，付了房錢之後躺下睡著了。睡夢中，他被一聲慘叫驚醒了。他覺得奇怪，就跳了起來，想去門口看看發生了什麼事，剛走到門口，又想起老闆的忠告，於是沒有去看，回到床上睡覺了。

第二天，店主對他說：「您是第一個活著從這裡出去的客人。我的獨子發瘋了，他昨晚大叫著引客人出來，然後把他們殺死了。」托尼感到很恐怖，也為自己沒受到傷害，感到很慶幸。

他接著趕路，終於在一天的黃昏，他看見了自己的小屋，還依稀看見想念的妻子。雖然天色有些暗，但他仍然能看清妻子不是一個人，還有一個年輕男子和她在一起，而且兩人還很親密。看到這一幕，他很生氣，真想跑過去殺了他們，這時他又想起老闆的忠告，於是沒過去。決定在原地露宿一晚，第二天再作決定。

天亮了，已恢復冷靜的他對自己說：「我不找我變心的妻子了，我還是遠走吧。但我要告訴我妻子我始終愛她，想著她。」

托尼走到家門口，敲了敲門，是妻子歐萊婭開的門，歐萊婭認出了丈夫，撲到他懷裡，緊緊地抱住他。隨後讓兒子見過父親。原來，托尼走的時候，歐萊婭剛剛懷孕，現在兒子已經15歲了，個子長得很高。托尼有說不盡的歡喜。

接著，一家人坐下來一起吃麵包，他把老闆送的讓他和妻子一起吃的那塊麵包掰開，發現裡面有一筆錢——那是老闆給他的工錢。

可以看出故事中主人翁托尼的欣喜與快樂並不是與金錢相關的。快樂是來自內心，而不是存在於外在。

生活就要讓自己快樂，日常生活的一點一滴都蘊藏著快樂。

尋找快樂是生命的本能，也是生活的技巧，當感覺自己快樂時，快樂就會陪伴著我們，而我們覺得不快樂時，快樂就會遠離我們。活得精彩也許不容易，但是要活得快樂相對容易多了，所以不精彩的人生，一定要快樂，其實快樂的人生已經是精彩的人生，不可強求，不可不求。

# 9・想要變得美麗，首先忘記憂慮

生活如同一面鏡子，我們對它笑，它就對我們笑；我們對它哭，它也以哭臉相示。持有什麼樣的心態，也就決定我們擁有什麼樣的人生結局。

悲觀主義者說：「人活著，就有問題，就要受苦；有了問題，就有可能陷入不幸。」即使一點點的挫折，他們也有千種愁緒，萬般痛苦，認為自己是天下最苦命的人。

一如英國哲學家羅素所形容的「不幸的人總自傲著自己是不幸的。」悲觀主義者把不幸、痛苦、悲傷做成一間屋子，然後請自己鑽進去，並大聲對外界喊著：「我是最不幸的人。」因為自感不幸，他們內心便失去了寧靜，於是不平、羨慕、嫉妒、虛榮、自卑等悲觀消極的情緒應運而生。是他們自己拋棄了快樂與幸福，是他們自己一葉障目，視快樂與幸福而不見。

樂觀主義者說：「人活著，就有希望；有了希望就能獲得幸福。」他們能從平淡無奇的生活中品嘗到甘甜，因而快樂如清泉，時刻滋潤著他們的心田。

其實，任何事物本身都沒有快樂和痛苦之分，快樂和痛苦是我們對它的感受，是我們賦予它的特徵。

同一件事情，從不同角度去看待，就會有不同的感受。一個人快樂與否，不在於他處於何種境地，而在於他是否持有一顆樂觀的心。

不過，「樂觀」兩個字說起來很簡單，但做起來並不是那麼容易的。首先，我們必須要學會在逆境中發現光明。一位母親告訴他的兒子，天真的很黑的時候，星星就要出現了。

如果保持開朗的心境不那麼容易做到，你就和樂觀的人交朋友吧，他們積極向上的人生態度會感染我們，使我們在不知不覺中變得開朗了。

我們要重新學會如何感動、如何愛別人，如何不去計較那些反面的事情，這樣我們的每一天都可以是一個嶄新的開始，充滿了光明和希望。

要記住，人們都喜歡和樂觀的人在一起合作。

逃離憂慮的魔掌，樹立健康快樂的形象，這是成功人生的第一步！

擔憂使許多人無法履行自己的義務，因為這消耗他們的精力，損害和破壞他們的創造力；而樂觀則使人免於擔憂，並能使他將自己的才能和創造力發揮到極致。

深受憂慮之害的人是無法充分發揮其應有才能的。如果處境困難，他就會束手無策。如果焦慮不安，他只會使自己無法做到最好。無論我們需要什麼，首先要把樂觀放在前頭。不要問怎麼辦、為什麼或什麼時候，我們只要全力以赴。一定要有希望和信念，這是指引我們成功所必需的。

一位以美麗著稱的女演員曾經說過這麼一段話：「想變漂亮一些的人，絕對不可以擁抱憂慮。憂慮意味著所有美麗的毀滅、消亡和破壞，意味著喪失活力，無精打采，意味著多愁善感，意味著無休無止的災難。不要介意發生的事情，一個女演員絕對不可以憂慮。一旦她懂得這一點，那她就已經駛進了那條保持美麗容顏的高速公路上了。」

如果一個老是憂慮重重的人能看到一幅他從不擔憂時的畫像該多好啊！如果他置身於另一幅自己憂慮重重時的畫像旁，又該是一件令他多麼震驚的事情啊！他憂慮重重時的模樣看上去就像未老先衰，滿臉都充滿了恐懼和焦慮的皺紋，充滿了極度沮喪和了無生氣的表情。這幅畫中的他似乎要比那幅快樂畫像中的他蒼老許多，在那幅顯出快樂的畫像中，他是那樣的朝氣蓬勃、充滿樂觀和滿懷希望。

# 10·想要收穫成功，首先播種希望

我們要堅信：生活丟給了我們一個問題，它必然會同時給我們一個解決問題的辦法，這正是上帝給你關了一個門，也會為你打開另一扇窗。

生活中我們不必總是祈求萬事如意、好運連連，要知道，生活就如同善變的天氣一樣，你無法預知會發生什麼，隨時都會狂風大作，暴雨不斷。生活中無論什麼擊倒了我們，我們必須能重新整理自己，像一個勇敢強者，跌倒了再爬起來，去迎接新的挑戰。

困難中，往往孕育了一種叫「希望」的東西。

鍾斯是一個農民，在美國威斯康辛州福特·亞特金遜附近經營一個小農場。他身體很健康，工作也很努力。但是，農場並沒有讓他發財，但日子還過得下去。可是，有一天，突然間發生了一件事情，使鍾斯一下子陷入了困境。鍾斯患了全身麻痹症，臥床不起，幾乎失去了生活能力。他的親戚們都確信：他將永遠成為一個失去希望、失去幸福的病人。他可能再不會有什麼作為了。然而，鍾斯確實有了作為。他的作為給他帶來了幸福，這種幸福是隨他事業的成功和經濟的成就而來的。

鍾斯用什麼方法創造了這種變化呢？他應用了「積極心態」的辦法。是的，他的身體是麻痹了，但是他的心理並未受到影響。他能思考，他確實在思考，在計畫。有一天他作出了自己的計畫。

鍾斯積極的心態使他滿懷希望，懷抱樂觀精神和愉快情緒，把創造性的思考變為現實。他要成為有用的人，他要供養他的家庭，而不要成為家庭的負擔。

他把自己的計畫講給家人聽。「我再也不能勞動了，」他說，「如果你們願意的話，你們每個人都可以代替我的手、足和身體。讓我們把農場每一塊可耕的地都種上玉米，然後我們養豬，用所收的玉米餵豬。當我們的豬還幼小肉嫩時，我們把牠宰掉，做成香腸，然後把香腸包裝起來，註冊一種商標出售。我們可以在全國各地的零售店出售這種香腸。」他接著說道，「這種香腸可以像熱糕點一樣出售。」

這種香腸確實像熱糕點一樣出售了！幾年後，名為「鍾斯仔豬香腸」的食品竟成了家庭的必備食品，成了最能引起人們食欲的一種食品。

人生不是一帆風順的，挫折和失敗都會不期而遇，幸運和厄運同樣令人刻骨銘心難以忘懷。不論我們面臨什麼，都不要得意忘形或悲觀絕望。有些人之所以事業有成，是因為他們在挫折面前沒有放棄，而是另闢蹊徑，從而走向成功。

鍾斯的身體癱瘓了，可他的意志卻絲毫沒受影響，並且樂觀地對待殘酷的現實。他利用自己的大腦，然後借用別人的手，依然闖出了自己的一番事業。

我們一定要學會在生活的困境中仍充滿希望，這是成功者和失敗者的一個基本的區別，成功者永遠不會失去希望，他只會堅持不懈尋求更多的方法把事情做成。

人生短暫，苦盡才能甘來，然後是平淡、瀟脫的人生。只有經歷了挫折的重重考驗後，我們才不會輕易屈服於失敗。直視人生的挫折和壓力吧，因為它會讓我們更加堅強。

# 第4章 生活落寞，每天給自己希望

希望是什麼？是引爆生命潛能的導火線，是激發生命激情的催化劑。希望是一種情感，是一種意識，是我們任何人都不可放棄的生命的伴侶。每天給自己一個希望，就是給自己一個目標，給自己一點信心。每天給自己一個希望，我們將活得生機勃勃，激情澎湃。只要我們不忘每天給自己一個希望，我們就一定能夠擁有一個豐富多彩的人生。每天給自己一個希望，並用勤奮去澆灌這希望之花，我們一定會收穫希望之果。

# 1．面對改變，迎接成長的時刻

一條鯛魚和一隻蠑螺在海中，蠑螺有著堅硬無比的外殼，鯛魚在一旁讚歎著說：「蠑螺啊！你真是了不起呀！一身堅強的外殼，一定沒人傷得了你。」

蠑螺也覺得鯛魚所言甚是，正揚揚得意的時候，突然發現敵人來了，鯛魚說：「你有堅硬的外殼，我沒有，我只能用眼睛看個清楚，確定危險從哪個方向來，然後，決定要怎麼逃走，」說著，說著，鯛魚便「咻」的一聲游走了。

此刻呢，蠑螺心裡在想，我有這麼一身堅固的防衛系統，沒人傷得了我啦！我還怕什麼呢？便縮進堅硬的殼裡，等待危險過去。

蠑螺等呀等，等了好長一段時間，也睡了好一陣子了，心裡想：危險應該已經過去了吧！牠想探出頭透透氣，但是當牠冒出頭來時才發現，危險就在眼前，牠已經被擺在市場的攤位上了，牠不得不扯破了喉嚨大叫：「救命呀！救命呀！」

這個故事告訴我們，過分封閉自己或自我膨脹的人，都將喪失自我成長的機會，自陷危險之境而不自知！

同樣的道理，我們也聽過煮青蛙的故事吧，當把一隻青蛙放進一鍋燒得滾燙的開水中時，牠一下子就會從裡面跳出來，但是把青蛙放在溫水裡，然後在鍋底下慢慢加溫，青蛙在溫水裡自由地游泳，當水溫慢慢升高的時候青蛙絲毫沒有感覺，當牠感覺到不舒服想跳出來的時候，雙腿已經沒有力量——牠被煮熟了！

面對改變，我們時常會覺得有些不習慣，或者感覺有些壓力，甚至是恐懼，可是我們要知道：這正是我們成長的時刻！

如果我們不想接受這些不習慣或者壓力，那麼就去做原來一直都在做的、一直都習慣做的事情，當然我們也將一直是過去的我們。若想要真正成長，那就要突破舒適的範圍，也就是要暫時失去安全感。

當我們感覺自己有些不習慣，有些緊張或者壓力甚至是恐懼的時候，起碼要知道，我們正在成長。

# 2・無字祕方，點燃希望的燈火

從前有這麼一個故事，一老一小兩個相依為命的瞎子，每日裡靠彈琴賣藝維持生活。一天老瞎子終於支撐不住，病倒了，他自知不久將離開人世，便把小瞎子叫到床頭，緊緊拉著小瞎子的手，吃力地說：「孩子，我這裡有個祕方，這個祕方可以使你重見光明。我把它藏在琴裡面了，但你千萬記住，你必須在彈斷第一千根琴弦的時候才能把它取出來，否則，你是不會看見光明的。」小瞎子流著眼淚答應了師父，老瞎子含笑離去。

一天又一天，一年又一年，小瞎子用心記著師父的遺囑，不停地彈啊彈，將一根根彈斷的琴弦收藏著，銘記在心。當他彈斷第一千根琴弦的時候，當年那個弱不禁風的少年已到垂暮之年，變成一位飽經滄桑的老者。他按捺不住內心的喜悅，雙手顫抖著，慢慢地打開琴盒，取出祕方。

然而，別人告訴他，那只是一張白紙，上面什麼都沒有。淚水滴落在紙上，但他笑了。師傅騙了小瞎子？這位過去的小瞎子如今的老瞎子，拿著一張什麼都沒有的白紙，為什麼反倒笑了？

就在拿出「祕方」的那一瞬間，他突然明白了師父的用心，雖然是一張白紙，但卻是一個沒有寫字的祕方，一個難以竊取的祕方。只有他，從小到老彈斷一千根琴弦後，才能了悟這無字祕方的真諦。

那祕方是希望之光，是在漫漫無邊的黑暗摸索與苦難煎熬中，師父為他點燃的一盞希望的燈。倘若沒有它，他或許早就會被黑暗吞沒，或許早就已在苦難中倒下。就是因為有這麼一盞希望之燈的支撐，他才堅持彈斷了一千根琴弦。他渴望見到光明，並堅定不移地相信，黑暗不是永遠，只要永不放棄努力，黑暗過去，就會是無限光明。

然而這樣的過程是一個痛苦而漫長的積累過程，許多人沒有成功便是因為耐不住寂寞和痛苦而半路退卻了。的確，積累的過程是枯燥乏味的，很容易讓人心裡厭煩，也正因如此，我們要在心中為自己點燃一盞希望之燈，這盞希望之燈便是故事中的那個「祕方」，其實只不過是我們自己為自己設定的一個信念和目標。

# 3・內心寧靜，夢想是你的寶貝

奧地利的鞋匠布魯克居住在貧困的鄉間，母親早年去世，父親後來工作受傷，無力繼續支撐家庭，加上兩個需要扶養的年幼弟弟，家裡的重擔頓時成了布魯克的重責大任。儘管如此，他依然堅信自己的夢想會實現。

一天，一位顧客匆忙拿了一雙鞋底壞掉的皮鞋，交給布魯克修理。

布魯克動作熟練，隔天便把鞋底縫補、敲釘完成。顧客撫摸著那雙鞋子，感動地說：「小夥子，謝謝你把我的皮鞋修好，這是我見過的修得最好的一雙鞋，不但縫補得很堅固，還把皮鞋擦得跟新的一樣。」

附近同行擦皮鞋的人，私下竊語：「布魯克真是服務過頭了，顧客只付了修皮鞋的錢，卻把皮鞋擦這麼亮，這有什麼好處呢？這麼笨，是注定一輩子落魄的。」

布魯克並不在意這些話，只是繼續做自己的工作，他覺得為顧客著想，對得起自己的良心，收取顧客的錢心安理得，這樣就夠了。

後來，布魯克受到皮鞋工廠的雇用，在工廠專門修補有瑕疵的皮鞋。多年以後，那些嘲笑布魯克的人，仍然還在街頭修補皮鞋，至於布魯克，已經擔任奧地利最大皮鞋工廠的製造經理。

每個人都希望命運給自己一個機會，希望別人給自己一個機會。但在這之前，是不是應該先以自己的付出給別人機會，接著，慢慢累積自己的夢想？

夢想，它幫助人們跨越了一個又一個的困難，讓人們實現了一個又一個的願望！是它，使得人們能夠生活在充滿著進步的社會！因為有了夢想，所以人們會為實現自己的夢想而去努力！

安第斯山脈有兩個好戰的部落，一個住在低地，另一個住在高山上。有一天，住在高山上的部落入侵位於低地的部落，並帶走該部落的一個小嬰兒作為戰利品。低地部落的人不知道如何攀爬到山頂，儘管如此，他們仍然決定派遣最佳的勇士部隊，爬上高山去帶回這個小嬰兒。

勇士們試了各種方法，卻只爬了幾百尺高。正當他們決定放棄解救小嬰兒，收拾行李準備回去時，卻看到嬰兒的母親正由高山上朝他們走來，背上還縛著她的小孩。其中一位勇士走向前迎接她，說：「我們都是部落中最強壯有力的勇士，連我們都爬不上去，你是如何辦到的呢？」

她聳聳肩說：「因為他不是你的寶貝。」

每個人的目標、夢想都是自己的寶貝，沒有人會比自己更重視、保護它，並且為它奮鬥。千萬不要期待他人，我們必須自我要求，同時專心致志、集中意念去實現夢想。當我們在做我們很想做的事情時，我們將體會到某種因內心充實而來的寧靜。這一情致真迷人，一瞬間，彷彿世界消失了，所有煩惱、困擾、靈魂的噪音皆融入晴空。腦海一片蔚藍，像沉凝的寶石。

如今的社會，假如沒有夢想，那麼我們將無法在這個社會立足。在這個充滿著競爭的社會當中，夢想，它起著非常重要的作用，我們要去實現它，我們要去為了它而努力！

# 4．夢想越大，我們的成就越高

從前，有兩兄弟，老大想到北極去，而老二只想走到北愛爾蘭。有一天，他倆從牛津城出發。結果倆人都沒有到達目的地，但老大到達了北愛爾蘭，而老二僅僅走到了英格蘭北端。

一個具有崇高生活目的和思想目標的人，毫無疑問會比一個根本沒有目標的人更有作為。有句蘇格蘭諺語說：「扯住金製長袍的人，或許可以得到一隻金袖子。」

那些志存高遠的人，所取得的成就必定遠遠高於起點。即使我們的目標沒有完全實現，而為之付出的努力本身也會讓我們受益終生。

幾年以前的一個炎熱的日子，一群人正在鐵路的路基上工作，這時，一列緩緩開來的火車打斷了他們的工作。火車停了下來，最後一節車廂的窗戶打開了，一個低沉的、友好的聲音響了起來：「大衛，是你嗎？」大衛・安德森——這群工人的老闆回答說：「是我，吉姆，見到你真高興。」

於是，大衛・安德森和吉姆・墨菲——這條鐵路的總裁，進行了愉快的交談。在長達一個多小時的愉快交談之後，兩人熱情地握手道別。

大衛・安德森的下屬立刻包圍了他，他們對於他是墨菲鐵路總裁的朋友這一點感到非常震驚。大衛解釋說，20多年以前他和吉姆・墨菲是在同一天開始為這條鐵路工作的。

其中一個人半認真半開玩笑地問大衛，為什麼他現在仍在驕陽下工作，而吉姆・墨菲卻成了總裁。大衛非常惆悵地說：「23年前我為一小時2美元的薪水而工作，而吉姆・墨菲卻是為這條鐵路而工作。」

美國潛能成功學大師安東尼・羅賓說：「如果你是個業務員，賺一萬美元容易，還是十萬美元容易？告訴你，是十萬美元！為什麼呢？如果你的目標是賺一萬美元，那麼你的打算不過是能糊口便成了。如果這就是你的目標與你工作的原因，請問你工作時會有興奮勁嗎？你會熱情洋溢嗎？」

夢想越大，成就越高，人生真的是夢做出來的。越是卓越的人生越是夢想的產物。可以說，夢想越高，人生就越豐富，取得的成就越卓越。夢想越低，人生的可塑性越差。也就是平常說的：「期望值越高，取得期望的可能性越大。」

把我們的夢想提升起來，它不應該退縮在一個不恰當的位置，接受心中有夢的牽引吧！

一個夢想大的人，即使實際做起來沒有達到最終目標，可他實際達到的目標都可能比夢想小的人的最終目標還大。所以，夢想不妨大一點，這可謂是人生前進的動力，也是人生的哲理。

# 5・縱使跌倒，也不空手爬起來

丹麥的一名大學生，有一次到美國旅遊。他先到華盛頓，下榻威勒飯店，住宿費已經預付。他的上衣的口袋放著到芝加哥的機票，褲袋裡的錢包放著護照和現金。但是在準備就寢時，他發現錢包不翼而飛，立刻下樓告訴旅館的經理。

「我們會盡力尋找。」經理說。

第二天早上，皮包仍然不見蹤影。他隻身在異鄉，手足無措。打電話向芝加哥的朋友求援？到使館報告遺失護照？呆坐在警察局等待消息？

突然，這個大學生想到：「我要看看華盛頓。我可能沒有機會再來，今天非常寶貴。畢竟，我還有今天晚上到芝加哥的機票，還有很多時間處理錢和護照的問題。我可以散步，現在是愉快的時刻，我還是我，和昨天丟掉錢包之前並沒有兩樣。來到美國，我應快樂，享受大都市的一天。不要把時間浪費在丟掉錢包的不愉快之中。」

這個大學生開始徒步旅遊，參觀白宮和博物館，爬上華盛頓紀念碑。雖然許多想看的地方，他沒有看到，但所到之處，他都盡情暢遊了一番。

回到丹麥之後，他說美國之行最難忘的回憶，是徒步暢遊華盛頓。五天之後，華盛頓警局找到他的皮包和護照，寄還給他。

許多人一陷入困境，就悲觀失望，並給自己增加很重的壓力，其實，應告訴自己，困境是另一種希望的開始，它往往預示著明天的好運氣。因此，我們應該主動給自己減壓。

只要放鬆自己，告訴自己希望是無所不在的，再大的困難也會變得渺小。困境自然不會變成阻礙，而是又一次成功的希望。

人生中有很多障礙或苦難，同時所有的苦難都藏匿著成長和發展的種子。但能夠發現這種子，並好好培養出來的人，往往只有少數。這些人到底是怎樣的人呢？

第一、是決心要克服苦難的人。沒有這種決心的話，不管再怎麼說「苦難才是機會」，也只會變成以另一種苦難結束的悲劇。

第二、是能夠認為苦難才是機會的人。沒有這種想法，苦難會帶來更多的苦難。

碰到危機時，一部分人會陷入恐慌狀態，另一部分人反而會利用這個機會取得成功。這種差別才是改善人生的決定性的差別。

我們應記住，不管怎樣不利的條件，只要我們能正確處理，都可能把它轉變為有利的條件。

在歡喜狀態時，人們大都不會自我反省，也沒有上進心。相反地，在苦惱或挫折面前，經常會進行自我反省，反而有得到真正的幸福和歡樂的機會。那麼，把痛苦變成機會，或者是變成恐慌狀況，這種差別到底是從哪裡出來的呢？是由決心和態度決定的！

# 6．敞開心境，收穫希望的陽光

有一對孿生兄弟，年齡不過四、五歲，由於臥室的窗戶整天都密閉著，他們覺得屋內太暗，看見外面燦爛的陽光，覺得十分羨慕。

兄弟倆就商量說：「我們可以一起把外面的陽光掃一點進來。」於是，兄弟兩人拿著掃帚和畚箕，到陽臺上去掃陽光。等到他們把畚箕搬到房間裡的時候，裡面的陽光卻沒有了。

這樣一而再再而三地掃了許多次，屋內還是一點陽光都沒有。正在廚房忙碌的媽媽看見他們奇怪的舉動，問道：「你們在做什麼？」

他們回答說：「房間太暗了，我們要掃點陽光進來。」

媽媽笑道：「只要把窗戶打開，陽光自然會進來，何必去掃呢？」

把封閉的心靈敞開，內心的陽光就能驅散其中的陰暗。無論處於怎樣的境地，總是有人可以看到希望和光明，原因就在於他的心敞開著來迎接光明。

太陽的光芒，我已無法用掃帚掃入自己的房間，而只要開一扇窗便可輕而易舉地獲得。我們內心的陽光何嘗不是如此，我們每一個人都對生命中的燦爛陽光充滿了渴望，我們也在努力地追尋，但又總是有許多人沒有得到，其實每一個能收穫生命之中的陽光的人，只不過是都遵從了一條祕訣，那就是——首先要讓自己的心中充滿了陽光。

要讓自己的心中充滿陽光並非難事，只要我們能積極地去發現生活中的美好和快樂，而多寬容一些不順和艱辛，那我們就自然會有一片充滿陽光的心境了！

# 7·美好錯覺，製造快樂的希望

在我們的生活中，經常會發生一些看來很「錯誤」的事。錯覺使人誤入歧途，所以招人討厭。但有些錯覺，其實並不壞。

例如，一輛客車停在小鎮上，車上坐著一位詩人。詩人向車窗外看了一眼。她看見了路邊一間店鋪，店鋪的門上赫然寫著幾個大字：「陽光不鏽」。詩人的心裡一陣驚喜：「陽光不鏽！」這店名起得多麼富有詩意啊！想不到在這樣的小地方也有詩！客車停了好一陣子，充滿詩人心頭的陽光也明媚燦爛了好一陣子。直到汽車開動，阻擋詩人視線的障礙物往後退去，讓她看到了店鋪的全稱：「陽光不鏽鋼廚具」。人們為她感到掃興：要是她沒有看到「陽光不鏽」後面的字那該有多好！

一位年邁的母親最疼愛的兒子，在一次戰鬥中不幸陣亡了。他的戰友們不忍心把這個噩耗告訴她，就模仿他的筆跡給她寫信，寄錢，居然瞞過了她，一直到她去世。她望著照片上英姿颯爽的兒子，帶著一種幸福和滿足的微笑，踏上了她的天國之旅。人們為這位母親慶幸：幸好她不知道，要是知道，那會是多麼的殘酷啊！

對於上面兩則故事中的錯覺，人們是樂於接納的。鄭板橋說：「難得糊塗。」糊塗就是錯覺。人生需要精明，也需要糊塗。在生活的許多領域裡，太精細了、太聰明了、什麼都看透了，其實並不好，「水至清則無魚，人至察則無徒。」

甚至有時人們還刻意製造錯覺：白髮染黑，是製造年輕的錯覺；麻臉擦粉，是製造漂亮的錯覺；穿高跟鞋，是製造高度的錯覺；親友們對身患絕症的病人說：「沒什麼，你很快就會好的。」喪偶的母親對孩子說：「你爸爸去了一個很遠很遠的地方。」

躲開那些使人誤入歧途的錯覺，而去接納那些並不壞的錯覺，儘管錯覺還是錯覺，但久而久之，這種錯覺卻成為生活中不可或缺的感覺，而這份感覺卻讓生活變得有滋有味，誰說這不是人生的處世哲學。

# 8．避苦求樂，絕望中尋找希望

人生在世，雖然只有短短幾十年，卻要經歷各種好事、壞事，嘗遍酸甜苦辣。生活是美好而沉重的。人生，是有苦又有樂的，是豐富多彩又艱難曲折的，就像白天與黑夜的互相交替一般。快樂時「春風得意馬蹄疾，一日看盡長安花」，快樂的人連路邊的鳥兒都在為他歌唱，花兒都似專為他開放。痛苦時，落日西風，萬念俱灰，睡夢中也在滴淚。

曾經有兩個囚犯，從獄中望窗外，一個看到的是滿目泥土，一個看到的是萬點星光。面對同樣的遭遇，前者心中悲苦，看到的自然是滿目蒼涼、了無生氣；而後者心往好處想，看到的自然是星光滿天，一片光明。

人生的道路雖然不同，但命運對每個人都是公平的。窗外有土也有星，有快樂也有痛苦，就看我們能不能咬定青山不放鬆，心往好處想。

西方哲學家藍姆・達斯講過這樣一個故事：

一個病入膏肓、僅剩數週生命的婦人，整天思考死亡的恐怖，心情壞到了極點。藍姆・達斯去安慰她說：「你是不是可以不要花那麼多時間去想死，而把這些時間用來考慮如何快樂度過剩下的時間呢？」

他剛對婦人說時，婦人顯得十分惱火，但當她看出藍姆・達斯眼中的真誠時，便慢慢地領悟著他話中的誠意。「說得對，我一直都在想著怎麼死，完全忘了該怎麼活了。」她略顯高興地說。

一個星期之後，那婦人還是去世了，她在死前充滿感激地對藍姆・達斯說：「這一個星期，我活得比前一陣子幸福多了。」

「苦樂無二境，迷悟非兩心」，婦人學會了心往好處想，便能離開人世前仍能感到一絲幸福，快樂地合上雙眼，相信她死後能進入天堂；如果她仍像以前一樣，一味想死，那只能是痛苦地離開人世，死後只能進入地獄。

人總是避苦求樂的，都希望快樂度過每一天，但生活本身就充滿酸甜苦辣，快樂和痛苦本是同根生。當我們快樂時，不妨留一片空間，以接納苦難；當我們痛苦時，不妨想到往昔的快樂。

心往好處想，才能幫我們衝破環境的黑暗，打開光明的出路，才能獲得更多更大的人生樂趣。在困頓、苦難面前，一味哭喪著臉，除了磨掉自己的銳氣外，是不會賺到任何同情的眼淚的。只有顫抖於寒冷中的人，最能感受到太陽的溫暖；也只有從痛苦的環境中擺脫出來，才會深深感覺到這個世界的美好。就像火車過隧道，即使在黑暗中，也要看到前方的光明。

# 9．不會飽和，生活有很多空間

一位哲學教授給他的學生們上了這樣的一課。

這天，教授帶了一堆瓶瓶罐罐走進教室，像變戲法一樣，先把一個空的大號蛋黃醬瓶展示給學生們看，然後把高爾夫球一個一個放進那瓶裡，一直放到瓶口。教授問學生：這個瓶子裝滿了嗎？全班學生都舉手，一致認為瓶子已經裝滿。

教授又拿出一個紙袋，把裡面的小石粒掏出來，一撮一撮地放進那個瓶子。小石子逐漸漏下，填補了高爾夫球之間的空隙，直至滿到瓶口。學生們這才曉得，裝了高爾夫球的瓶子，並沒有滿。

這時教授又問：這個瓶子已經裝滿了嗎？學生們確信，這下子瓶子是一定滿了，不能再放任何其他東西了。

可是教授又提起一個紙袋，朝那瓶中倒去。不料袋中裝的是細沙，一股一股灌進瓶中，鑽進小石子之間的空隙，直至滿到瓶口。教授再次問學生，現在瓶子是否裝滿了。學生們想了一想，又一致回答：這一次瓶子絕對裝滿了。

教授一彎腰，從講臺下面拿出兩罐啤酒，慢慢地倒進瓶子，結果滿滿兩罐啤酒，都滲進了沙粒之間看不到的空隙裡。學生看到這裡，都明白了教授所要表達的意思。

這個瓶子就好比是我們的生活。當我們覺得自己的生活已經飽和，實際上生活中還是有許多的空間，可以填補進去許多東西。而在我們的生活之中，有些事物是很重要的，就像這瓶中的高爾夫球一樣，比如自己的家庭、親人、孩子，自己的健康，我們的朋友們，我們的情感和熱情。

為什麼說這些高爾夫球是我們生活中最重要的事物呢？那就是說，就算我們失去了其他的一切，那些小石子和細沙，只要我們保留著這些高爾夫球，這個瓶子就仍然是滿的，我們的生活就不會空虛。

那些小石子，就好像是我們生活中間的第二等事情，比如我們的工作、住房、汽車等身外之物。這些東西在我們的生活中，都遠不及高爾夫球那麼要緊。而至於細沙，那就好像生活中更加瑣碎和沒有價值的事情，比如清理房間等。

最重要的是，要牢牢記住，如果我們最先用細沙裝滿了瓶子，那麼將再沒有空間去放置高爾夫球，甚至小石子。我們的生活中如果被瑣碎細小而毫無價值的事務填滿了，我們把所有的時間和精力都用來追求那些無聊的身外之物，那麼我們到哪裡去尋找空間來關心自己的家庭、親人、孩子、健康、朋友和感情呢？那麼兩罐啤酒又象徵什麼呢？這啤酒的意思就是說，不管我們的生活表面上看好像有多麼繁忙和沉重，我們其實永遠還是會有空間去喝下兩罐啤酒的。

這正是生活的哲理，分清輕重主次，首先關心對自己和家庭幸福最為重要的事情，跟孩子們一起遊戲，按時做體檢，約朋友出去吃個飯，要知道，在這些頭等重要的事情都做到之後，我們還是能夠找到空間，做第二等的事情，在生活裡放進小石子去，然後還可以再放進細沙那樣的小事情。

# 10．總能成功，失敗也不要絕望

有這樣一個故事，是講一位醫學博士的，他經過201次實驗發現了脊髓灰質炎疫苗，結束了這一病症對人類的肆意蹂躪。有一次人們問他：「你取得了如此卓越的成就，徹底結束了脊髓灰質炎對人類的肆虐，取得這樣的成就後，你是怎麼看待先前的200次失敗呢？」

博士這樣回答：「我這一生中從來沒有經歷過200次失敗。我的字典上沒有『失敗』這個詞。前200次嘗試增加了我的經驗，讓我學到很多東西，實際上是我做了201次發現。沒有前200次的學習，我不可能得到這樣的結果。」

在前進的路上，我們可能會做錯，可能走了彎路，可能仍無法達到目標。但是，這一切都是寶貴的體驗和收穫，是那位醫學博士所謂的「兩百次」的發現，如果我們願意進一步地嘗試和努力，那麼原來的錯誤就是我們前進的階梯。如果我們在挫折之後對自己的能力或「命運」發生了懷疑，產生了失敗情緒，想放棄努力，那麼我們就已經失敗了。

還曾有一個心理學的實驗，在這個實驗中，有一批狗在一個很簡單的任務上都失敗了，那麼狗的「字典」上是怎麼出現「失敗」這個詞的呢？

實驗中，有一個很大的籠子，底是鐵做的。籠子中間有一個鐵柵欄，把籠子分為兩半。把狗放進籠子的一邊，在籠子底上通電，狗就受到電擊，感覺到尖銳急遽的刺痛。一些狗受到電擊後，會很快地跳到籠子的另外一邊去，從而躲避了電擊。在另一邊受到電擊時，這些狗又會很輕鬆地跳回來，到沒有通電的一邊去。這個任務是很簡單的，隨著通電的部位變化時，狗就在這個箱子中間跳來跳去，穿梭跳動以躲避電擊。因此這個箱子也被形象地稱為「穿梭箱」。

但是，有另外一批同樣的狗，牠們在穿梭箱中受到電擊時，不做任何跳躍和掙扎的動作，只會渾身發抖，低聲哀鳴，一副失敗者的可憐樣。為什麼這些狗會表現出這種任人宰割的慘相呢？原來，心理學家在把這些狗裝進穿梭箱前，對牠們進行了如下的操作：把這些狗拴在一個鐵柱子上，時不時地用電刺激牠們，狗受到電擊後會掙扎、跳躍、咆哮，但是無論牠們怎麼掙扎，都擺脫不了電擊的折磨，經過幾天數十次的電擊和無效的掙扎後，這些狗都放棄了努力，在受到電擊時，只是趴在地上，瑟瑟發抖，低聲哀鳴，再也不掙扎了。這時，再把這些狗放進穿梭箱中，對這種輕輕一躍就能擺脫的電擊刺痛，牠們也認了。失敗的狗掙不脫柱子，就以為跳不過柵欄。

另外一個類似的現象是動物界的大力士大象，在經過人的訓化後，用一根麻繩拴在一個很細的撐竿上也不會掙脫，為什麼呢？原來在訓練的過程中，馴象員先是用鐵鏈把大象拴在牢固的鐵柱子上，野性未馴的大象最初會拼命掙扎，但是怎麼掙扎也沒有用。這時，馴象員在一邊又對它們進行溫柔地服侍和教化，最後大象放棄了掙扎，並學會了為人服務的雜耍。可以說，儘管大象在一些馬戲雜耍上取得了令人叫絕的成功，但是牠們對被繩子拴在一個柱子上不能掙脫這一「事實」或「命運」認了，牠們在試圖擺脫束縛這一點上自認失敗了。

人當然比狗和大象聰明，把人囚禁在一個地方的時候，不管原來有多少次失敗的經驗，他們總會想逃脫並且會不斷想出辦法。但是，在某些場合下，人是否也同樣會像上述的狗或大象一樣自認「失敗」的命運呢？

挖井的人，在預計見到的水的深度，每往下再挖一尺，如果仍然見不到水，對他就是一個打擊，經過數百數千次這樣的打擊，他就會自認倒楣，就會認為自己選錯了地方，「看走了眼」，便到別的地方去了，結果另外一個人在前人放棄的地方，可能又往下僅挖幾尺就喝上了甘甜的井水；滿心希望討老師喜歡的學生，由於經常受到老師的責罵，由於自己基礎差，不管怎樣努力也得不到老師的好臉色，結果他就可能破罐破摔，放棄了努力，甚至走上了跟老師故意搗亂的道路；不善交往的靦腆的人，在跟人接觸的時候，老是冷場，老是感到不自在，不快樂，結果認了「命」，過起孤獨的生活，開始迴避所有的人。

類似的事情，不勝枚舉，但都有一個共同點，那就是事件的主人，覺得自己無能為力，感到灰心喪氣，認為不得不放棄了。一句話，他們覺得自己在這件事情上失敗了。因而，所謂失敗其實就是自己的一種感覺，是在通往目標的過程中，由於自己的行動多次受阻而產生的絕望感，是自己在自己心中滋養起來的「紙老虎」。對於這種嚇人的張牙舞爪的紙老虎，你不打，它是不會倒的。

所以，將「失敗是成功之母」換個表達方式可能更好一些，那就是錯誤和嘗試是成功之母，而失敗僅僅是自己的一種感覺，一種絕望的感覺。

事實上，沒有什麼失敗，失敗僅僅存在於失敗的人的心中，只有屢敗屢戰的人才是真的英雄，才能真正體驗生活的味道，享受成功的喜悅！

# 第5章 人生波折，每天給自己信念

每天早晨醒來，都給自己一個堅定的信念，因為只有理智的信念能支撐我們站起來去扼住命運的喉嚨，能激勵我們用心底的太陽照亮前進的道路。每天給自己一個信念，並且不打任何折扣地去執行，每天我們就會有一個可喜的改變，這樣我們人生的頹勢會一點點扭轉過來，明天才會比今天更美好。

# 1・信念可掃除前進的障礙

一個年輕人曾當過推銷員。公司教給他的推銷術可算是天衣無縫，似乎每個人聽到他三寸不爛之舌說出的話，都會乖乖掏腰包。結果完全不是這麼回事，他竟然一再受挫，對他打呵欠、向他喊窮的大有人在，他真是沮喪極了。慢慢地，他明白了問題所在——他該學的不是如何推動他人，而是如何不讓他人影響自己。

有時他沮喪得想找老闆痛哭一場，結果發現老闆比自己還沮喪。周圍所有的事與人，都令他情緒低落，工作、老闆、朋友、妻子無一例外，因為所有人與事，都讓他想到自己的失敗。但是這些刺激無疑都是正面的，不得不面對現實，去解決問題，困境便化為烏有了。

天下沒有克服不了的障礙，只要我們能勇往直前，深信生命中的每件事情都能刺激我們實現目標。

一天，一隻繭裂開了一個小口，恰好一個人看到了這一幕，他便接著觀察，不久，發現蝴蝶在艱難地將身體從那個小口中一點點地掙扎出來，但又是幾個小時過去了，蝴蝶的身體只是剛剛露出一點，接下來，蝴蝶似乎沒有任何進展了。

看樣子牠似乎已經竭盡全力，不能再前進一步了，這個人實在看得心疼，便決定幫助一下蝴蝶。他拿來一把剪刀，小心翼翼地將繭殼破開，蝴蝶便很容易地掙脫出來。但是，掙脫出來的蝴蝶身體很萎縮，身體很小，翅膀緊緊地貼著身體。

那個人接著觀察，期待著在某一時刻，蝴蝶的翅膀會打開並伸展起來足以支撐它的身體，成為一隻健康美麗的蝴蝶。然而，這一刻始終沒有出現！

其實，這個好心人並不知道，蝴蝶從繭上的小口掙扎而出，這是生理的安排，只有通過這一擠壓過程將體液從身體擠壓到翅膀，牠才能在脫繭而出後展翅飛翔。

同樣的，在我們的生命中有時候也需要奮鬥乃至掙扎。如果生命中沒有障礙，我們就會很脆弱。我們不會像現在那樣強健，我們將永遠不能飛翔。

我們祈求力量，所以遇到生活中的困難時就要去克服，這足以使得我們變得強壯；我們祈求智慧，出現問題要積極努力地去解決，這會使得我們更加聰明；我們祈求勇氣，生活便設置障礙讓我們去克服；我們祈求愛，我們就要去幫助需要關愛的人。

生活雖然並沒有給我們任何我們祈求的東西，但我們得到了所有必須具備的東西，這些雖不會給予我們所需要的，但卻一定能夠幫助我們去獲得我們所希望的。毫無畏懼地生活，直面所有障礙和困境，並充滿信心地克服，我們就一定會成功！

# 2・信念可擺脫錯過的後悔

有一位很有名氣的心理學老師，給學生上課時拿出一只十分精美的咖啡杯，當學生們正在讚美這只杯子的獨特造型時，教師故意裝出失手的樣子，咖啡杯掉在水泥地上摔成了碎片，這時學生中不斷發出惋惜聲。老師說：「可是這種惋惜也無法使咖啡杯再恢復原形。今後在你們生活中如果發生了無可挽回的事時，請記住這破碎的咖啡杯。」

破碎的咖啡杯，恰恰使我們懂得了：過去的已經過去，不要為打翻的牛奶而哭泣！生活不可能重覆過去的歲月，光陰如箭，來不及後悔。從過去的錯誤中吸取教訓，在以後的生活中不要重蹈覆轍，要知道「往者不可諫，來者猶可追」。

令人後悔的事情，在生活中經常出現。許多事情做了後悔，不做也後悔；許多人遇到要後悔，錯過了更後悔；許多話說出來後悔，說不出來也後悔……人的遺憾與後悔情緒彷彿是與生俱來的，正像苦難伴隨生命的始終一樣，遺憾與悔恨也與生命同在。

人生一世，花開一季，誰都想讓此生了無遺憾，誰都想讓自己所做的每一件事都永遠正確，從而達到自己預期的目的。可這只能是一種美好的幻想。人不可能不做錯事，不可能不走彎路。做了錯事，走了彎路之後，有後悔情緒是很正常的，這是一種自我反省，是自我解剖與拋棄的前奏曲，正因為有了這種「積極的後悔」，我們才會在以後的人生之路上走得更好、更穩。

但是，如果我們糾纏住後悔不放，或羞愧萬分、一蹶不振；或自慚形穢、自暴自棄，那麼我們的這種做法就真正是蠢人之舉了。

古希臘詩人荷馬曾說過：「過去的事已經過去，過去的事無法挽回。」的確，昨日的陽光再美，也移不到今日的畫冊。我們又為什麼不好好把握現在，珍惜此時此刻的擁有呢？為什麼要把大好的時光浪費在對過去的悔恨之中呢？

錯過了就不要後悔。後悔不能改變現實，只會消弭未來的美好，給未來的生活增添陰影。最後，讓我們牢記卡耐基的話吧：要是我們得不到我們希望的東西，最好不要讓憂慮和悔恨來苦惱我們的生活。讓我們原諒自己，讓自己學會豁達一點。

# 3・信念可打破心靈的監獄

人們常常會抱怨失敗總是比成功多太多了，卻很少去思考失敗的真正原因，而只是輕率地將之歸咎於大環境，且認為這是我們每個人都無法改變的。

其實認真想來，打敗自己的並不是環境，而是自己。環境不會為我們做任何改變，唯有去改變自己的信念，才能找到生命的依歸與生活的目標。

很多時候，在人生的海洋中，我們就猶如一條游動的魚，本來可以自由自在地游動，尋找食物，欣賞海底世界的景致，享受生命的豐富情趣。但突然有一天，我們遇到了珊瑚礁，然後自己就不願再動彈了，並且說自己陷入絕境。這，想想不可笑嗎？自己給自己營造了心靈的監獄，然後鑽進去，束手待斃。

人的一生的確充滿許多坎坷，許多愧疚，許多迷惘，許多無奈，稍不留神，我們就會被自己營造的心靈的監獄所監禁。而心獄，是殘害我們心靈的極大殺手，它在使心靈凋零的同時又嚴重地威脅著我們的健康。

既然心獄是自己營造的，人自己就有衝出心獄的本能，那麼，還是讓我們自己動手，拆除心靈的監獄，掙脫心靈的枷鎖，還自己以亮麗的心靈。

# 4・信念可產生能量的源泉

人類是自己思想的產物，所以我們應當有高標準，提高自信心，並且執著地相信必能成功，高標準會使我們朝高處走。

有位哈佛大學的教授，曾經主持過一個有趣的實驗，實驗對象是三群學生與三群老鼠。

他對第一群學生說：「你們很幸運，你們將和天才小白鼠同在一起。這些小白鼠相當聰明，牠們會到達迷宮的終點，不過牠們要吃許多乾酪，所以要多買一些餵牠們。」

他告訴第二群學生說：「你們的小白鼠只是普通的小白鼠，不太聰明。牠們最後還是會到達迷宮的終點的，牠們會吃一些乾酪，但是不要對牠們期望太大，牠們的能力與智慧都很普通。」

他告訴第三群學生說：「這些小白鼠是真正的笨蛋。如果牠們能找到迷宮的終點，那真是意外。牠們的表現或許很差，我想你們甚至不必買乾酪，只要在迷宮終點畫上幾個乾酪就行了。」

在以後的六個星期裡，學生們都在精心地做著這個實驗。實驗的結果是，天才小白鼠就像天才人物一樣地行事，牠們在短時間內很快就到達了迷宮的終點。那群普通小白鼠最後也到達了終點，但是在這個過程中並沒有留下任何速度記錄。至於那些愚蠢的小白鼠，那就不用說了，牠們都遇到了真正的困難，只有一隻最後找到迷宮的終點，那可以說是一個明顯的意外。

有趣的事情是，根本沒有所謂的天才小白鼠和愚蠢小白鼠之分，牠們都是同一窩小白鼠中的普通小白鼠。這些小白鼠的成績之所以不同，是參加的學生態度不同而產生的直接結果。簡而言之，學生們因為聽說小白鼠不同而採取了不同的態度，而不同的態度導致不同的結果。

學生們並不懂得小白鼠的語言，但是小白鼠懂得態度，因而態度就是語言。

人生的法則就是信念的法則。相信運氣可支配個人命運的人，總是在等待著什麼奇蹟的出現。而那些相信自己的人，就會依據個人心態的趨向為自己的未來不斷努力。

依賴運氣的人們常常滿腹牢騷，只是一味地期待著機遇的到來。至於獲得成功的人，他覺得唯有信念方能左右命運，因此他只相信自己的信念。

在別人看來不可能的事，如果當事人能從潛在意識去認為「可能」，也就是相信可能做到的話，事情就會按照那個信念的強度如何，而從潛在意識中激發出極大的力量來。這時，即使表面看來不可能的事，也能夠做到了。

朋友們知道蜘蛛是怎樣結網的嗎？牠們是不是會飛？要不，從這個簷頭到那個簷頭，中間有一丈餘寬，第一根線是怎麼拉過去的？原來蜘蛛是走了許多彎路的——從一個簷頭起，打結，順牆而下，一步一步向前爬，小心翼翼，翹起尾部，不讓絲沾到地面的沙石或別的物體上，走過空地，再爬上對面的簷頭，高度差不多了，再把絲收緊，以後也是如此。蜘蛛不會飛翔，但牠能夠把網結在半空中。牠是勤奮、敏感、沉默而堅韌的昆蟲，牠的網製得精巧而規矩，八卦形地張開，彷彿得到神助，其實，這是信念的力量。信念是一種無堅不摧的力量，當我們堅信自己能成功時，我們必能成功。

有一年，一支英國探險隊進入撒哈拉沙漠的某個地區，在茫茫的沙海裡跋涉。陽光下，漫天飛舞的風沙像炒紅的鐵砂一般，撲打著探險隊員的面孔。口渴似炙、心急如焚——大家的水都沒了。這時，探險隊隊長拿出一水壺，並說：「這裡還有一壺水，但穿越沙漠前，誰也不能喝。」

一壺水，成了穿越沙漠的信念之源，成了求生的寄託目標。水壺在隊員手中傳遞，那沉甸甸的感覺使隊員們瀕臨絕望的臉上，又露出堅定的神色。終於，探險隊頑強地走出了沙漠，掙脫了死神之手。大家喜極而泣，用顫抖的手擰開那壺支撐他們的精神之水——緩緩流出來的，卻是滿滿的一壺沙子！

他們執著的信念，如同一粒種子，在他們心底生根發芽，最終領著他們走出了「絕境」。真正救了他們的是他們自己，是他們的信念，又怎麼可能是一壺沙子呢？

# 5・信念可點燃心靈的燈火

每個人都靠什麼東西在日復一日地生活？是信念！信念就像一盞燈，在不遠處散發著亮光，指引著我們不斷地前進。

一艘航行中的船在大海上遇上了突如其來的風暴，不久就沉沒了，船上的人員利用救生艇逃生。在大海中他們被海風吹來吹去，一位逃生者迷失了方向，救援人員也沒能在搜尋中找到他。

天漸漸地黑下來，饑餓寒冷和恐懼一起襲上心頭。然而，他除了這個救生艇之外一無所有，災難使他丟掉了所有，甚至即將奪去他的生命，他的心情灰暗到極點，他無助地望著天邊。忽然，他似乎看到一片闌珊的燈光，他高興得幾乎叫了出來。他奮力地划著小船，向那片燈光前進，然而，那片燈光似乎很遠，天亮了，他還沒有到達那裡。

他繼續艱難地划著小船，他想那裡既然能看到燈光，就一定是一座城市或者港口，生的希望在他心中燃燒著，死的恐懼在一點點地消失，白天時，燈光是自然沒有了，只有在夜晚，那片燈光才在遠處閃現，像是在對他招手。

一天過去了，食物和水已經快沒有了，他只有儘量少吃。饑餓、乾渴、疲憊更加嚴重地折磨著他，好多次他都覺得自己快要崩潰了，但一想到遠處的那片燈光，他又陡然添了許多力量。

第四天，他依然在向那片燈光划著，最後，他支持不住昏了過去，但他腦海中依然閃現著那片燈光。

晚上，他終於被一艘經過的船隻救了上來，當他醒過來時，大家才知道，他已經不吃不喝在海上漂泊了四天四夜，當有人問他，是怎麼樣堅持下來時，他指著遠方的那片燈光說：「是那片燈光給我帶來的希望。」

大家望去，其實，那只不過是天邊閃爍的星星而已！

在生命的旅途中，一定會遇到各種挫折和困境。這時，只要心頭有一個堅定的信念，努力地去尋找，就一定會渡過難關的。

在我們每個人的生活中，都需要燃起這樣的「燈火」，當我們被失敗和挫折所困擾時，抬頭看看前面的燈火，便會心生勇氣和力量，因為那是我們日夜企盼的目標，我們是那樣地希望得到它，又怎會隨便放棄呢？因為，它已在我們的眼前，它已並不遙遠了啊！

這樣的燈火，要燃起在我們的心中，才能照亮我們的心靈，這就是我們的信念。每天都給自己一個信念，有了目標，並向著目標堅定地前進，相信前面一定會有屬於我們的一片光明。

# 6・信念是邁向成功的階梯

人人都希望成功，最實用的成功經驗，那就是「堅定不移的信念」。可是真正有信念的人並不多，結果，真正做到的人也不多。

有時候，我們可能會聽到這樣的話：「光是像阿里巴巴那樣喊『芝麻，開門』，就想使門真的移開，那是根本不可能的。」說這話的人把「信念」和「想像」等同起來了。不錯，我們無法用「想像」來移動一座山，也無法靠「想像」實現我們的目標，但是只要有信念，我們就能移動一座山。只要相信我們能成功，我們就會贏得成功。

關於信念的威力，並沒有什麼神奇或神祕可言。信念起作用的過程其實很簡單：相信「我確實能做到」的態度，產生了能力、技巧與精力這些必備條件，每當我們相信「我能做到」時，自然就會想出「如何去做」的方法。

大部分的人可能都認為自己不是個成功的人，而且也認為成功對自己來說是不可能實現的，說不定早已灰心喪氣了。的確，成功的人不多，我們或許是個不幸的人。但真正的事實卻是：其實任何人都有成功的機會，只是想不想去獲得它而已。

雨後，一隻蜘蛛艱難地向牆上已被風雨吹打得支離破碎的網爬去，由於牆壁潮濕，牠爬到一定的高度，就會掉下來，牠一次次地向上爬，一次次地又掉下來。

第一個人看到了，他歎了一口氣，自言自語：「我的一生不正如這隻蜘蛛嗎？忙忙碌碌而無所得。」於是，他日漸消沉。

第二個人看到了，他說：「這隻蜘蛛真愚蠢，為什麼不從旁邊乾燥的地方繞一下爬上去？我以後可不能像牠那樣愚蠢。」於是，他變得聰明起來。

第三個人看到了，他立刻被蜘蛛屢敗屢戰的精神感動了。「我怎麼能不如一隻蜘蛛呢！？」於是，他變得堅強起來。

正如故事中的三個人一樣，有成功心態者處處都能發現成功的力量。其實每一件事情，無論結果是成還是敗，其中都會有積極的因素，成功者往往可以從中得到收穫，並化為自己前行的動力。而缺乏成功心態的人，則只會看到失敗的一面，正如故事中的第一個人，失去了前進的勇氣，這就是成功和失敗的主要原因。

所謂成功的心態其實很簡單，就是相信只有經受失敗和困惑才能獲得成功；就是深知只有立即採取切實的行動才是獲得成功的唯一途徑；就是深信，只要努力了，一定會取得成果。所以，立即行動、不畏艱辛、充滿希望才是成功者所必備的心態。

在我們生活的每一天裡，都需要用這樣的心態去鞭策我們自己，只有這樣去做了，我們才能收穫每一天的成就與充實。

# 7．信念是最不後悔的活法

漢德・泰萊是紐約曼哈頓區的一位神父。這一天下午，教區醫院裡一位病人生命垂危，請他過去主持臨終前的懺悔。

神父到醫院後聽到病人說了這樣一段話：「仁慈的上帝！我喜歡唱歌，音樂是我的生命，我的願望是唱遍美國。作為一名黑人，我實現了這個願望，我沒有什麼要懺悔的。現在我只想說，感謝您，您讓我愉快地度過了一生，並讓我用歌聲養活了我的六個孩子。現在我的生命就要結束了，但死而無憾。仁慈的神父，現在我只想請您轉告我的孩子，讓他們做自己喜歡做的事吧，他們的父親是會為他們驕傲的。」

一位流浪歌手，臨終時能說出這樣的話，讓泰萊神父感到非常吃驚，因為這名黑人歌手的所有家當，就是一把吉他。他的工作是每到一處，把頭上的帽子放在地上，開始唱歌。四十年來，他如癡如醉，用他蒼涼的西部歌曲感染他的聽眾，從而換取那份他應得的報酬。

病人的話讓神父想起五年前自己曾主持過的一次臨終懺悔。那是位富翁，住在里士本區，他的懺悔竟然和這位病人的差不多。他對神父說，我喜歡賽車，我從小研究它們、改進它們、經營它們，一輩子都沒離開過它們。這種愛好與工作難分、閒暇與興趣結合的生活，讓我非常滿意，並且從中還賺了大筆的錢，我沒有什麼要懺悔的。

白天的經歷和對富翁的回憶，使泰萊神父當晚就給報社去了一封信，他寫道，怎樣度過自己的一生才不留下後悔呢？我想也許做到兩條就夠了。

第一條：做自己喜歡做的事；

第二條：想辦法從第一條中賺錢。

——後來這兩條就成了美國人公認的——最不後悔的活法。

不錯的興趣不僅可以讓人感到工作的快樂，減輕疲憊感，同時也是人生成功的助推劑。人生快樂莫過於在工作上取得成就，而最大的快樂莫過於在自己喜歡的工作上取得成就。當一個人為自己感興趣的事情而付出，而不顧一切時，他獲得成功的機會更大。我們從來沒有聽說過一個人在自己不喜歡的領域，會做出什麼驚天動地的成績，的確如華德•迪士尼所說：「一個人除非做自己喜歡的事，否則就很難有所成就，要想快樂就更難。」

做自己喜歡做的事，能使人忘記悲哀和勞累，獲得平和充實的感覺，做自己喜歡做的事是疲勞的減壓閥，更是邁入成功的捷徑。

人生的大道不可能永遠是坦途，困難、挫折，甚至是絕境都是在所難免的。絕境並不可怕，只要人不絕望，只要心中與困境作鬥爭的勇氣仍在，即使山窮水盡，也會有柳暗花明的時候。

一個老婆婆在屋子後面種了一大片玉米。一個顆粒飽滿的玉米說道：「收穫那天，老婆婆肯定先摘我，因為我是今年長得最好的玉米！」可收穫那天，老婆婆並沒有把它摘走。

「明天，明天她一定會把我摘走！」很棒的玉米自我安慰著。第二天，老婆婆又收走了其他一些玉米，可唯獨沒有摘這個玉米。

「明天，老婆婆一定會把我摘走！」很棒的玉米仍然自我安慰著，可從此以後，老婆婆再也沒有來過。

直到有一天，玉米絕望了，原來飽滿的顆粒變得乾癟堅硬，整個身體像要炸裂一般，它準備和玉米稈一起爛在地裡了。可就在這時，老婆婆來了，一邊摘下它，一邊說：「這可是今年最好的玉米，用它作種子，明年肯定能種出更棒的玉米！」

這個故事中的玉米的經歷和生活中的成功者的經歷又有什麼不同呢！沒有一個真正的成功者是一帆風順的，困苦和磨難是打造成功者所必需的祕方。「千淘萬漉雖辛苦，吹盡狂沙始到金。」只有在經歷千辛萬苦之後，才能到達成功的彼岸，但很遺憾的是，很多人並非沒有成為成功者的潛質，也並非沒有能力，只是他們缺少了信念和一點點耐心。

正如故事中的玉米，它對自己的信心在一次次的失望後，被徹底地打消了，於是就選擇了放棄，但幸運的是，老婆婆還是發現了它，但生活中我們也許沒有玉米那樣的幸運，所以我們就要多一點耐心，也許我們一直都很相信自己，但我們是否有耐心在絕望的時候再等一下！也許不遠的前方就是耀眼的光明。

世界上從來沒有什麼真正的「絕境」。無論黑夜多麼漫長，朝陽總會冉冉升起；無論風雪多麼肆虐，春風終會吹綠大地。

# 8・信念給我們快樂的激勵

有個足球隊員非常懶惰。他喜歡穿漂亮的球衣，喜歡出風頭，喜歡聽歡呼聲，但始終不愛練球，不愛鍛鍊體力，比賽時也不肯全力以赴。

一天，教練拿著一封電報來找這個球員，是他母親發來的。「請念給我聽吧。」他說，他甚至懶得自己看。教練念了：「你父親病故，速回。」這個球員呆住了，當夜他便離隊回家。

不久之後，他歸隊了，這時球隊正忙著參加一項重要的比賽，冠軍決戰那天隊中傷兵累累，教練正苦於無法調度，這位球員竟一反常態，努力爭取上場的機會。教練對他沒有信心，但迫於形勢，只好勉為其難地讓他上場。

不料這位球員上場後，竟然猶如神助，連連得分。為球隊贏得了勝利。賽後教練不解地問他，為什麼會有這麼好的表現，他說：「我父親是個盲人，生前他看不到我的球賽，現在他在天堂了，可以看到了。」

人生若能像球賽，兩旁有人歡呼加油，我們一定會更加振奮。有時我們飽受折磨，只想停下來大呼：「我不幹了。」如果此時有人給我們打氣，那就會好得多。然而人生畢竟不是球賽，反倒像個戰場，沒有觀眾和啦啦隊，有的只是敵人和同志。我們都在奮鬥，知道如何行動的人不需要啦啦隊。他的心裡自有鼓勵的聲音。讓自己的心鞭策我們向前進，這才是最可靠的。

在人生的奔馳之中，只有自己才是自己人生最有力的加油站。

# 第6章 改變心態，心情決定事情

好心態才能決定好命運。很多時候人的成功和失敗並不是由客觀因素決定的，而是和當事人的主觀心態息息相關。研究表明：在愉快、積極的心境下從事活動的成功比率要遠遠大於那些在壓抑的、痛苦的心情下的成功比率。所以收拾一些你的心情，或許會有意外的收穫。

# 1・好勝之心，誓不低頭

拿破崙說，不想當將軍的士兵，不是好士兵。

人生在世，就是一個不斷追求高勢的過程。人往高處走，水往低處流，人生如同逆水行舟，不進則退。

好勝之心首先源於對自己的信心，只有自信的人才有好勝的心氣。在競爭激烈的當代社會，好勝早不是古語中所表達的貶義詞，相反沒有好勝的心態，是不能贏得成功的。

好勝既是一種對成功的渴望，又是對自我能力的肯定。有了這樣的心態，才能激勵自己在艱苦的環境中毅然地走下去，直到到達終點。

有了好勝之心，才能有堅持到底、誓不低頭的決心。如果對於成功的渴望不是那麼強烈，當遇到困難的時候便很輕易動搖，半途而廢，無果而終。只有對成功的極度渴望，才能燃燒起人類內在的小宇宙，激發出你平時自己都發現不了的潛力，從而擊敗困難，到達勝利的彼岸。

好勝之心是一個成功者必備的心態，然而這個心態要有一個理性的前提。瘋狂的、不切實際的好勝之心，是不健康的，容易使人走火入魔。然而理性的、健康的、切合實際的求勝是「必需」的。

好勝心是不能缺少的，建立在真實、客觀基礎上的好勝心尤其重要。如果你現在還沒有求勝之心，那麼趕緊行動起來吧，分析一下自己的實力，為自己找一個展現自我的機會吧。

求勝是個人或集體上進的表現。沒有上進心，不求進取，只能如逆流中的小船般，順勢而下，最終被打翻在激烈的浪潮中。擁有好勝的心態、理性的「野心」是成功的第一步。

因為理性的「野心」不但給你樹立了奮鬥的理想，更給你提供實現理想的動力和誓不放棄的決心。

# 2．積極之心，看到更好

同樣的一個園林，同樣的一朵玫瑰花，積極樂觀的心則會看到美麗的花瓣和清晨透亮的露珠；而悲觀消極的心則看到花下傷人的尖刺和清晨微冷的天氣。一個笑臉，一個苦臉，不一樣的心情，恐怕今天一天的成績也大不相同。積極樂觀的人總是能看到更好的情景，所以在好的心情下，他就能夠處處順心，做什麼事情都遊刃有餘；而悲觀厭世的人總是看到那些令自己討厭的情景，在惡劣的心情下，又怎麼能夠順利地完成工作呢？

俗話說，倒楣的人喝涼水都塞牙縫兒。事實上，水怎麼能夠塞牙縫兒呢，不過是人的主觀感受罷了，心情不好自然看到什麼都覺得不好，幹什麼都覺得不順利，自然就有了「屋漏偏逢連夜雨，船遲又遇打頭風」的主觀感受。

可見，保持一顆積極樂觀、充滿熱情的心有時候能扭轉乾坤，讓生命出現奇蹟。一個人如果有高度的熱情，積極的心態，必勝的信念，那麼還有什麼他辦不到的呢？世界只會為那些積極的、樂觀的人敞開綠燈，使他們的生活更加如意，事業更有美好的進展。

所以說，成功者要必備一種積極的心態，他樂觀地面對人生，所以成功與他的距離便比別人稍短一點。對於大部分人而言，他們在平時確實是樂觀的，上進的，但是唯一不足的是：關鍵時刻掉鏈子。每到關鍵的環節時，他們便失去了往日的自信、熱情和積極，於是大部分人總是與成功擦肩而過，他們真的是與成功很近了，但總是距離差那麼一點點。

積極的心態要保持在每一個時刻，堅持住你就有成功。你或許不信，難道心態這個東西真的如所說的這般神奇嗎？從下面這個小故事，你便可以形象地看到積極的人生態度和消極的人生態度到底有什麼區別。

農業自動化機械廠生產出了一種新的農場機器，為了擴大市場，他們先後分別派出了兩名員工去一個農場推銷新設備。最先去的這名員工工作態度認真，也很勤勞，唯獨心態不好，總是悲觀地看待自己的工作和人生。當他來到這家農場後，看到這裡的農民都是靠人工在田裡種植和收割，於是非常失望。

他想，這裡的農民是不會買我的設備的，他們都靠自己的人力來完成，看來我又是白來一趟了，真倒楣！於是他一句話都沒有說出來，就掃興而歸，寫了一份推銷失敗的報告交上去了。

上級一看，非常奇怪，心想，如此先進而又省時的機器，竟然沒有推銷出一台，不可能吧？於是他重新派遣了一名員工再次去那個農場去推銷，這位員工是公司的金牌推銷員，積極而又上進，一流的口才，幾乎沒有什麼能夠難得住他。當他來到農場一看，立刻展顏而笑：太好了，簡直是太順利的推銷過程。這家農場居然都是人力做工，這下不但可以推銷出這種新設備，就連其他一些設備也可以展現給他們使用啊。

於是，他把農場所有的農民都聚集起來，滿面紅光地說：「大家好，帶給大家一個好消息，你們終於可以不這麼辛苦勞作了，安裝上這種設備，在同樣的時間內，你們僅僅花費以前十分之一的力氣，但是絕對能夠收穫十倍的成果！」很快大家被他的情緒調動起來，紛紛嘗試這種新設備的神奇效力，結果這批新設備在這個農場打開了非常好的銷路。

兩種不同的心態，卻導致了截然不同的結果。在同樣一個農場中，同樣的一批客戶，同樣的一種產品，僅僅由於一個心態的差異，導致了一個不戰而敗，一個大獲全勝。生活中的很多事情就是這個例子的翻版。很多失敗的原因或許與客觀條件無關，而僅僅是主觀心態有問題。消極的心態多半導致不戰而敗，沒有開始就已經宣告了失敗的結局。「我能行」已經成為越來越多成功人士的口頭禪，這不僅僅是一種自信，更是一種積極心態的表現。

一個積極的人，總能看到充滿希望的未來，總能看到美好的事情，總有更大的動力驅使自己前進。請保持一顆積極的心吧，這或許正是你尋找許久的根源。

# 3・希望之心，抓住理想

對未來充滿希望，人生才有前進的動力。所以說成功的人都懷有一顆希望之心，他們對未來充滿希望，堅信明天可以比今天更加美好，所以他們才能有勇氣，有動力不斷前進。

理想是人生的奮鬥目標，是人類對於未來的一種有可能實現的想像。有了理想，人類才可以按照它的方向去努力；有了理想，人類才能在艱苦的探索環境下堅持下來。當然理想不是無根無據的幻想，它必須建立在真實的、客觀的個人條件基礎上，否則就是無道理的空想，是沒有現實意義的。

有了希望的心，有了理想的路，前途才更加明確。不要在沒有思考，沒有分析前就消極地把事情打上不可能實現的標籤。事實上你要鼓勵自己「你能行」，有希望才能有動力，你才會在探索的過程中無所不能，勇往直前。

能夠把絕望變成希望，不讓身體的缺陷限制自己對理想的追求，湯姆·鄧蒲賽就是這樣一個不平凡的人。湯姆·鄧蒲賽在出生的時候，只有半隻腳和一隻畸形的右手。自從懂事以後，父母就告訴他，不要對自己的人生絕望，不要因為自己的殘疾而感到生命受限，別人可以做到的事情，你同樣可以成功，甚至可以期望自己能夠做得更好。

小時候，湯姆·鄧蒲賽和別的孩子一起參加童子軍團，那些健全的孩子完成行軍10英里的時候，湯姆也堅持走完了10英里。後來湯姆·鄧蒲賽發現了自己的一個優點：他可以把橄欖球踢得比其他在一起玩的人還要遠。於是他讓鞋匠專門設計了適合他的身體特點的鞋子，然後他積極地參加了橄欖球隊的入隊資格測試。

出乎所有人意料的是，他通過了踢球測驗，還得到了衝鋒隊的一份合約。然而當教練看到他的身體條件以後，遺憾地告訴他：你不具備成為職業橄欖球員的條件，應該去從事其他的事業。不過湯姆·鄧蒲賽堅持讓教練給他一個機會，教練雖然心存懷疑，但是看到這個男孩這麼自信，不忍心打擊他，終於答應給他一個機會。在一週後的友誼賽中，湯姆·鄧蒲賽踢出了55碼遠的得分，讓教練也不得不對他另眼相待，大加讚許。

這次勝利使他獲得了專為衝鋒隊踢球的工作，而且在那一季中為他的一隊踢得了99分。然後到了最偉大的時刻，球場上坐滿了球迷。球是在28碼線上，比賽只剩下了幾秒鍾，球隊把球推進到45碼線上，但是根本就可以說沒有時間了。教練喊到：「湯姆．鄧蒲賽進球！」當湯姆進場的時候，他的隊距離得分線有55碼遠，球傳接得很好，湯姆．鄧蒲賽拼出全力踢在球上，全場的眼睛都盯在這個球上，同時為湯姆．鄧蒲賽擔心著，這球能夠達到所期待的距離嗎？

最終的成績得到了全場的肯定，球在球門之上幾英寸的地方越過，裁判舉起了雙手，表示得了3分，湯姆一隊以19比17獲勝。球迷狂呼亂叫為踢得最遠的一球而興奮，湯姆．鄧蒲賽雖然身體殘疾，卻為整個球隊的勝利贏得了最後3分，也為他的人生譜寫了光輝的一頁。

當記者問他是什麼給了他如此巨大的力量時，他微笑著說：對生活的希望，對生命的熱愛。雖然我的身體有些不利條件，可是我從來沒有放棄過對人生的理想。我覺得每一個人都應該對生活充滿希望，不要輕言放棄。

近幾年來，由於抑鬱症而放棄生命的案例已經屢見不鮮。很多高層知識份子甚至包括一些事業有成的人都選擇輕生來結束自己珍貴的生命。在一封博士的遺書中，他曾多次提到由於時常感到生命沒有意義，絲毫尋找不到任何希望之光而選擇離開。

心理學家分析：抑鬱症大多來自於對生命的失望，患者由於心中缺少對未來的希望而容易選擇輕生，除了藥物治療外，最關鍵的是個人要主動地調節自己的心態，無論遇到什麼挫折都要對自己的人生充滿希望。

對於我們每一個人而言，希望之心都是不可少的。失敗的人具有了希望之心，才可以百折不撓；成功的人具有了希望之心，才可以不驕不躁，繼續進步。

# 4・堅韌之心，絕不放棄

堅韌之心是成功不可缺少的心態。你可以是不聰明的，不機智的，沒有經驗的，沒有天賦的，但是你不可以是沒有恒心的。沒有一顆堅持到底的心，再簡單的事情也可能因為你不堅持而以失敗告終。

圖坦・卡蒙法老王墓挖出的寶藏就陳列在開羅博物館內，其內的第二層樓大部分放的都是燦爛奪目的寶藏，像黃金、珠寶、飾品、大理石容器、戰車、象牙與黃金棺木等，這些巧奪天工的工藝吸引了無數的參觀者和考古學家，然而要不是因為霍華德・卡特堅持決定再多挖一天，這些震驚世界的寶藏也許仍不見天日。

一九二二年的冬天，霍華德・卡特幾乎把所有可能出現年輕法老王墳墓的地方統統考察了一遍，仍然沒有收穫。然而就當他們幾乎放棄了可以找到法老王墳墓的希望時，霍華德・卡特堅持讓他的贊助商再提供一天的支援，他不甘心就這麼輕易放棄。出乎眾人意料的是，就是這一天的堅持，轟動了世界，改變了霍華德・卡特的人生，他成功了。

卡特在自傳中這樣寫道：「這將是我們待在山谷中的最後一季，我們已經挖掘了整整六季了，春去秋來毫無所獲。我們一鼓作氣工作了好幾個月卻沒有發現什麼，只有挖掘者才能體會這種徹底的絕望感；我們幾乎已經認定自己被打敗了，正準備離開山谷到別的地方去碰碰運氣。然而，要不是我們最後垂死的一錘努力，我們或許永遠也不會發現這座超出我們夢想所及的寶藏。最終，我們還是成功了。」

堅持不懈便能換來成功。新時代的「三多」精神我們是不能丟的，堅持多一點，信心多一點，樂觀多一點，也許成功就在距離我們半英里的地方，也許成功就在第二天出現。

# 5．平和之心，得失隨緣

人生在世，無論是面對榮華富貴、位高權重，還是面對窮困潦倒、失權失勢，都要以一顆平和之心處之。不以物喜，不以己悲。得失隨緣不僅僅是古人讚賞的一種精神，更是處於這個風雲瞬變的時代，所必需的一種心態。平靜地面對風雨大浪、因果得失，才是成大事業者的一種氣魄。

追求權位的人希望有一天隻手遮天，能力挽狂瀾；追求財富的人希望自己富甲天下，縱橫金融界；追求名望的人希望自己高高在上，有一世英名；然而莊子卻說道：「眾人重利，廉士重名，賢人尚志，聖人貴精。」追求這些浮名利祿不如追求一顆平和之心，任何東西皆生不帶來，死不帶走，倘若能夠看到生命的真諦，想必才能夠真切地理解生命的意義，明白世間之事可以追求，但不可強求，得失隨緣才是明智之舉。

李斯，秦代著名的政治家，可謂聲名顯赫，功績卓著。年輕的他便對權勢有著極度的熱愛，於是他拜荀子為師，學習帝王之術、治國之道，以求將來有所成就。

西元前二四七年，李斯來到秦國，先在秦相呂不韋手下做門客，取得了呂不韋的信任，憑藉他的推舉，李斯當上了秦王嬴政的近侍。李斯利用經常接近秦王的機會，勸說秦王抓緊「萬世之一時」的良機，「滅諸侯成帝業，終成天下一統。」秦王接受了李斯的建議，先任命他為長史，後又拜為客卿，命令他來制定統一天下的策略。

西元前二三七年，秦國宗室貴族利用各種藉口要求秦王下令驅逐六國客卿，李斯也在被逐之列。李斯不甘這樣走下歷史舞臺，於是他寫了《諫逐客書》，勸秦王收回成命。

秦王看了《諫逐客書》深受感動，於是取消了逐客令，恢復了李斯的官職，他佐助秦王嬴政，用了僅僅十年的時間，就先後滅了六國，統一了天下大業。李斯當上丞相以後，利用權職，大肆改革。歷史上著名的慘劇「焚書坑儒」就是李斯建議的為了打擊儒生、誹謗朝政的倒行逆施。

西元前二一〇年，秦始皇死後，李斯害怕自己的權貴地位因先帝的去世而受到影響，於是為了保住他的利益，他和趙高狼狽為奸，偽造遺詔，立少子胡亥為帝。

他一生精明，卻萬萬沒有想到趙高篡權後又施展陰謀，誣陷李斯「謀反」。李斯就是因為私心而一時糊塗，從而落了個身死族滅的下場。他臨刑時和他兒子抱在一起痛哭說：「吾欲與若復牽黃犬，俱出上蔡東門逐狡兔，豈可得乎！」

試想，倘若李斯早就有一顆平和之心，淡然地看待權貴和地位，能夠做到天天牽著黃狗打獵這點要求就滿足了的話，又豈能被趙高矇騙，捲入一場黑暗的政治陷阱中呢？

# 6．謙虛之心，不上巔峰

謙虛使人進步，驕傲使人落後。中國幾千年的歷史告訴我們，謙虛不但是人類的美德，更是一種從容的心態：謙虛之心，才能給人生留出更大的空間。有了不上巔峰的坦然，才能爬上更高的山峰，沒有最高，只有更高，謙虛的人生才是不斷進步，不斷高攀的人生。

東漢初時，名將馮異在建立東漢王朝的戰爭中屢立功勳，但是他在每次戰爭後，都是獨自一人躲在大樹下，靜思功過，從來沒有聚集一幫人擺慶功宴等，因此世人稱讚他是「大樹將軍」，同時也為他謙虛的品質折服。

謙虛能拉近人與人之間的距離。三人行，必有我師焉。如果總是高高在上，自以為是，那麼只能是故步自封，永遠也得不到大的發展。劉邦的左右手之一張良便是謙遜之人。

一日，張良在外散步，當他走上一座橋上時，一位老人也走上了橋。他走到張良面前，彎身脫下鞋子，扔到橋下，然後以命令的口氣對張良說：「年輕人，下去把我的鞋子撿上來。」張良雖然覺得這個老人不該讓他去取鞋，可是念在對方是老者，於是他謙遜地說：「好吧。」於是他馬上跑下橋去，撿起了鞋子，再回到橋上來遞給老人。

老人沒有接鞋，對他說：「小夥子，替老人家穿上。」張良無奈，心想，好事做到底吧。於是跪在老人身下，幫他穿上了鞋子。老人對他說：「你這年輕人還值得一教，五天之後天亮時，你到橋頭和我見面吧。」

五天後，張良準時來到了橋頭，然而老人已經在那兒等候了。老人說：「你遲到了，五天後再來吧！」於是老人生氣地離開了。過了五天，天才微亮，張良就趕到橋頭去，可是那老人還是比他早到了。老人說：「你又遲到了！倘若你有心學東西，五天後再來吧！」

張良並沒有放棄，他雖然不是很肯定老人是否在作弄他，但是他還是決定五天後去探個究竟。到了第五天，張良沒有睡覺，半夜就到橋上去等待老人。不久，老人就來了，這次他沒有訓斥這個年輕人，讚許地說道：「不錯，這才是虛心拜師的做法啊。」老人從懷裡拿出一本《太公兵法》，對張良說：「只有謙虛的人才能做到能屈能伸，將來才有可能擁有一番作為。這本書你拿回去好好研究，將來必能助你成為國之棟樑。」張良從此潛心研究老人贈予的《太公兵法》，後來他聽說漢王劉邦帶兵起義，便投靠劉邦，用所學所知輔佐劉邦取得一次又一次的軍事勝利。劉邦在張良的輔佐下，最後推翻秦朝，建立了漢朝。

居功自傲的人是目光短淺的，他們容易因為一次兩次的成功就自以為是，放棄繼續進步的旅程。世界上是沒有真正的巔峰的，只要生命在，那麼我們就可以繼續努力。繼承了這樣的美德，才能保有一顆謙虛之心。自吹自擂、自我膨脹只會導致最終的夢想破裂，一個真正懂得人生的人是不會把時間浪費在吹噓上的，虛心學習別人的長處，才能實現自我超越。

# 7・好學之心，每天進步

對於好學的益處，論語中有這樣一句著名的評價：「以其好學之心，假之以年，則不日而化矣。」其意思就是說，倘若人能夠有一顆好學的心，那麼幾年以後，這個人不可同日而語，必將取得大的成就。

好學首先表現為勤奮，懶惰的人天天口頭上吵著要學習，但是卻懶於付出行動，絲毫收穫不到成果。勤奮的學習理念、端正的學習態度是好學之心不可缺少的兩大元素。

勤奮的人才有可能成功。當有人問魯迅先生為什麼能在文學上取得如此大的成就時，魯迅先生說：「我沒有什麼天分，我不過是把別人喝咖啡的時間用來讀書、寫書罷了。」這就是成功的祕笈。

勤奮是大多數平庸的人懶於去做的事情，他們可以找到各種理由來安慰自己，把自己的好學之心扼殺在搖籃中：今天週末，怎麼能學習呢，這麼好的天氣應該去公園中打牌；算了，今天太累了，看書的計畫取消吧，改日再看；這書有什麼好看的，看了以後也會忘，不如不看，出去放鬆一下吧……長此以往，你便失去了學習的習慣，好學對於你而言就成了神話。

無論對於個人和集體，學習都是不可少的一個環節。沒有好學之心，個人不能進步；沒有好學的氛圍，集體的發展也停滯不前。建立學習型企業，培養學習型人才已經是當代社會的要求。二十世紀70年代名列《財富》雜誌世界500強排行榜的大企業，有三分之一已經銷聲匿跡了，這些被淘汰的企業和企業領導者面臨的困境或許大不相同，然後他們大都有一項失誤，那就是忽略了學習的重要性。

一分耕耘，一分收穫。好學之心能夠讓我們每天收穫一點點，如果天天進步，我們數日以後或許就能達到「不可同日而語」的境界。我們或許不是天才，或許沒有天賦，可是勤奮好學同樣可以助我們登上成功的高峰。即使是一個天才，倘若不學無術，不求進取，恐怕也難成一果。天才都是從勤奮走來的，好學的心不過是把他天才的一面展示出來。

不管你本質如何，天資聰明或者笨拙，你都需要有好學的心態。好學之心能把礦石鍛造成金子，能把任何一個人都培養成一個天才。

# 8．快樂之心，樂觀處事

悲觀的人總是在大歎：我的快樂在哪裡，誰搶走了我的快樂？事實上，快樂是一種心情，一種心態，是自己控制並給予的，外人如何能剝奪你快樂的權利呢？保持一種樂觀的心態，快樂便能常駐你的身邊。心態的調節作用是巨大的，同樣的東西在不同的心態下，卻表現出截然不同的局面。樂觀的人總是能夠看到美好，看到希望，從而心情愉快；悲觀的人總是看到黑暗，看到絕望，從而哭泣和厭世。

下面我們來讀一個小故事，這則幽默的傳奇或許能博得你一笑，同時也希望你能領略到樂觀心態的珍貴之處。

從前，某個熱帶國家的國王有個非常樂觀的貼身侍從，他總是能夠從壞的事情中找到樂觀、開心的理由，有時候這個侍從的樂觀精神偶爾也會讓國王受不了。

一天國王和這個貼身侍從外出打獵，然而當國王砍椰子來當午飯的時候，由於用力過大，彎刀失手砍斷了腳趾。這時候，侍從從遠處走來，手中抱著撿來的乾草，國王皺起眉毛，罵道：這該死的椰子，該死的彎刀，把我的腳趾給傷了。這個樂觀的侍從安慰國王說：「您不要著急，這是一個好消息啊！」

國王痛苦難耐，生氣地叫道：「什麼？你再說一遍？」

「這是一件好事啊！在這表面的意外後面肯定有我們還沒有看到的好處。」侍從再次肯定地回答。

國王大怒，心想這個該死的奴才竟然嘲笑我，於是抓起侍從，把他扔進了枯井裡，一個人氣沖沖地找尋回城堡的路。

沒想到的是，在回去的路上，國王由於沒有帶將領，被一幫土著人抓住了，他們認為這個國王正好可以用來作為這個月獻給山神的祭品。土著人把他帶到了部落的祭司面前，祭司從頭到腳把這個活祭品檢查了一遍，當他注意到祭品少了一個腳趾時，他命令土著人把犯人釋放：「這個祭品不合格，少了一個腳趾怎麼能夠祭奠神靈呢，你們再去找一個人來，放了他吧。」

這個國王便因為先前的受傷而撿回了一條命。他回到城堡，想起了那個侍從的話，覺得非常有道理——表面的意外或許還隱藏著好處。於是他帶領一批武士去把那個掉進井裡的侍從救上來。

當國王到達枯井時，他以為那個侍從肯定在悲傷地哭泣，沒想到他竟然在那裡快樂地吹著口哨，一點也不擔憂。

國王把他救出來以後，真誠地對侍從說：「你說得對，幸好這場意外，才把我從神靈的祭奠中給解救出來啊，他們想把我扔到火山裡去，但他們看到我少了個腳趾，就放了我。這真是個奇蹟。你是個先知，我真不該把你扔到井裡！」

侍從說：「噢，不，國王，幸好您把我丟在了井裡。」

國王不解：「這次你又有什麼結論？」

「我要謝謝您呀！如果不是您把我扔在井裡，救了我一命，我現在恐怕在天上侍奉神靈了。」侍從解釋。

多麼樂觀的心態啊，我想如果我們也具備這樣快樂的心態，恐怕沒有什麼坎坷或者挫折能夠把我們打倒。「塞翁失馬，焉知非福。」有了這樣的樂觀心態，就能坦然地面對得失。愛迪生就是這樣一個樂觀的人，這種樂觀給他的發明創造助了一臂之力。

人生不過短短幾十年而已，如果總是悲觀看待這個世界，那麼快樂何在？樂觀是快樂人生的催化劑，無論遇到什麼挫折，都應該樂觀地接受、積極地去改變，快樂的心情可以讓你更加有效率地戰勝困難，贏得勝利。

# 第7章
# 放下過去，輕鬆面對挫折

對於一些人而言，過去的失敗和挫折猶如千斤大石，壓在他們的心裡，始終無法釋然。背著這些沉重的負擔，前進的速度就慢了下來。每一個人都有自己的過去，即使那些成功者也是從山腳下一步一步走來的，如果他們把那些曾絆倒他們的石頭統統帶在身上，恐怕早就累死在了半山腰上了。

所以，過去的就讓它過去吧，它們不過是一種記憶罷了，輕鬆地面對它們，才能整裝上路。

# 1．不為昨天流淚

人生是由三天所組成的——昨天、今天和明天。

如果你在忙碌的今天為了昨天的失敗或不幸而哭泣，那麼你的今天就只剩下了淚水。試問，你的明天又將何去何從？

對於很多人來說，對於過去都無法釋然。站在時間的長河中，如果不把注意力放在美好的今天和明天，而總是沉浸於往事中，是極不明智的做法。昨天依然和我們有關，但是希望是不可能從昨天產生的，生活的奇蹟永遠是今天的主題。

每一天的太陽都是新的，不要對於昨天念念不忘，昨天無論是輝煌還是黑暗，都已經成為歷史。作為已經翻過去的一頁，我們何必要花費精力去自責，去悔恨呢？把握好今天，要為了明天而準備，而不是為了昨天而哭泣。

人生在世，不可能永遠風平浪靜。在現實的大海中航行，如果因為昨天的風暴，而放棄今天的航線，恐怕那些人生的新大陸永遠也不會被發現。成功人士亦是如此，翻閱那些偉人的傳奇史，幾乎每一個成長階段都有一些傷口。所以不要輕易地放棄，不要讓自己陷入過去的沼澤。或許昨日誠可貴，但是今日價更高。

一天，一位得道的高僧休息前吩咐他的小弟子去給佛祖點上香火，這個粗手粗腳的小和尚不小心把香爐打翻了，香灰撒了一地，剛剛插好的香火也斷了，還差點燒著了整個祭堂。小和尚知道自己闖了大禍，偷偷地躲了起來。

第二日，高僧找不到小和尚，便親自來到祭堂探究原因，得知了事情真相後，他稍微有些生氣，但是很快就平息了下來。他派人去把躲藏起來的小和尚叫來。小和尚因為害怕，哭了一夜，眼睛腫腫的，心想這次肯定被重罰。高僧看了一眼小和尚：「你耽誤了今天的晨課，知道嗎？」小和尚抬起頭，很不解地望著高僧，然後低頭主動認錯：「師傅，我錯了。我昨晚打翻了香爐，你不生氣嗎？為何今日不責罰我，反而僅僅怪我耽誤了晨課呢？」

高僧語重心長地說：「昨天你犯的錯誤，我是很生氣，可是事情已經過去了，再來追究誰的責任已無益處。昨天香灰已撒，香火已斷已經是無法挽回的事情了，唯一可以做的便是今天馬上換上新的香灰，重新點上香火，再把今日的晨課補回來。如果因為昨天的失誤，把今天的光陰也賠進去的話，那才是不可饒恕的。你明白了嗎？」小和尚恍然大悟。

或許我們每一個人都曾經經歷過這個小和尚的角色，我們為了昨天的失誤而哭泣，甚至放棄了今日應該做的主題，明日再為今日的放棄而哭泣，日日相仿，人生就這樣丟失了它的意義。當昨天的事情我們已經無力改變，那麼就應該勇敢地去面對它，把握好今天才是最有價值的行為。

在通過成功的道路上，或許荊棘叢生，或許障礙重重，可是所有的這一切都是可以戰勝的，關鍵是你是否具備了戰勝它們的決心。昨天的荊棘叢林已經走過，即使傷痕累累，也不能代表我們無法跨越這條路。勇敢地走下去，傷在昨天，勇於今天，那麼成功就在明天。

## 2．羞辱成就強者

提起羞辱，是每一個人都不想遇到的，但是看那些成大事業的人，卻往往都是從屈辱中走過來的。這裡，我們並不是在宣揚羞辱的經歷是一個人成功的元素，我們要說的是，如果你不幸遭遇到了羞辱的事情，那麼不要覺得難堪，不要覺得抬不起頭，事實上，要樂觀地面對人生：羞辱可以鍛鍊韌性，可以成就強者。

忍辱負重，從而完成《史記》的司馬遷就是一個值得後人敬重的英雄。司馬遷的父親在臨死之間囑咐其子一定要替他完成這項使命。不過當司馬遷全身心地撰寫《史記》之時，卻遭受了巨大的磨難。

天漢二年，漢武帝派李陵隨從李廣押運輜重。結果李廣遇難，李陵被俘。消息傳到長安後，漢武帝聽說自己的戰將投降，非常生氣。滿朝文武都順從漢武帝的想法，紛紛指責李陵的罪過。而司馬遷直言進諫，說李陵寡不敵眾，沒有救兵，責任不全在李陵身上，極力為其辯護。然後他的直言不諱，引起龍顏大怒。司馬遷因此被打入大牢。

司馬遷被關進監獄以後，遭受酷吏的嚴刑拷打。面對各種肉體和精神上的殘酷折磨，他始終不屈服，也不認罪。後來司馬遷被判以腐刑。當時，這種腐刑既殘酷地摧殘人體和精神，也極大地侮辱人格。

當時的司馬遷甚至想到了一死，不過後來他想到了父親遺留給他的使命，想到了孔子、左丘明、孫臏等人，他們所受的屈辱，他們頑強的毅力，還有他們在歷史上所留下的成績都大大鼓舞了司馬遷。他立誓無論發生什麼樣的屈辱，也要把《史記》完成。

徵和二年，司馬遷終於完成了基本的編撰工作。這期間的數年中，他忍受著身體和精神上的巨大折磨，但這些都沒有把他打倒。他用他的生命譜寫的不僅僅是一本曠世的歷史著作，更是人類史上一本永存的生命讚歌。

人在遭受了屈辱後，一般都會有兩種選擇：有的人承受不起這樣的折磨，從此悲觀厭世、意志消沉，最終身體的屈辱導致了精神的委靡，從此一蹶不振；有的人即使身體遭受了巨大的折磨，但是內心的火花不敗，他們有著頑強的意志和鬥志，終於贏得了人生的榮耀。

生活中不斷地會有大大小小的委屈發生著，關鍵是看你處理他們的態度。如果你因為老闆一句羞辱你的話而辭職不幹，那麼你永遠就沒有機會向他展示你強大的一面。記住這些屈辱，但是不要被它纏住。有人因為屈辱而自暴自棄，有人因為屈辱而奮發圖強，這就是真正的弱者和強者的差別。

悲觀者把屈辱當成打擊，樂觀者把屈辱當成激勵，兩者不同的人生態度導致了不同的人生結局。嘗試著對那些屈辱笑一笑吧，把他們帶來的鬱悶轉化成強大的動力，用它們來刺激我們前進的馬達。或許正是這些屈辱，讓我們更早知道了我們的短處。

人生的路上如果總是鮮花和掌聲，反而會蒙蔽我們的心靈，遮住我們的眼睛。感謝那些適時飛來的「臭雞蛋」吧，或許正是它們才能把我們及時砸醒。

# 3·微笑面對困境

人生有兩種境況：順境和困境。每一個人或許都能微笑地面對順境，但是能夠做到微笑面對困境的卻少之又少。你或許會說：什麼，我對困難微笑？這可能嗎？困難如蛇蠍毒蟲般恐怖，我哭恐怕都來不及呢。然而，越是有大成就、大作為的人，反而越是會坦然地面對困境。他們的經歷告訴他們，磨難和困境才是幫助他們成功的動力。

巴爾扎克曾經這樣說道：困境是珍貴的賜予，它是天才的晉身之階，信徒的洗補之水，能人的無價之寶，同時也是弱者的無底之淵。困境以其可怕的面貌出現，可是當你永遠前進，勇於探索，揭開它的真面目以後，你會發現美好的風景原來藏在其中。

生活是一面鏡子，你衝它微笑，它也衝你微笑；你衝它發怒，把它擊碎，那麼你也只會看到那個支離破碎的自己。而困境恰恰又是生活的一種形式，所以你也要面對困境微笑，這個微笑不是沒有意義的傻笑，而是對自己的一種鼓勵，一種自信。只有敢於面對生活，敢於面對困境，才是命運的掌控者。

萬向集團的總裁魯冠球曾說：「面對挫折和失望，我曾經獨自徘徊在錢塘江畔。當時，看到那滾滾波濤，壓在胸口的苦悶和失望一下子煙消雲散，我對人生又充滿了激情和希望。我不相信命運總是對我如此無情。而我承受苦悶和失望的心態，就是在記不清多少次的苦悶和失望中煉成的！」

當所有的人為了他今天的顯赫成績而羨慕不已時，又有幾個人會想到，其實他也是從困境中一步一步走出來的。在三十多年來的成長歷程中，他帶領著企業歷經了無數次的磨難，在這些困境的摸索中，他才找到了正確的方向，創造了中國的跨國集團公司。

困境是上天賜予的禮物，你只有微笑地去接受它，打開它，弄明白它，你或許才能真正享受到上天的恩賜。很多人在遇到困難的時候，只會垂頭喪氣，以至於使自己深陷其中不能自拔。

困境是篩選人才的漏斗，勇敢地接受它，克服它，你或許才能避免被篩去的危險。看那些成功的人，哪一個不是擁有著強大的靈魂，敢於對生活微笑的人？

# 4・幽默調節身心

現代社會中，每一個人的生存壓力都很大。社會調查表明，很多人由於過大的工作壓力，身體都處於亞健康狀態。靜下心來問一下自己，已經多久沒有開心地笑過了，或許連你自己都不清楚了。這樣的生活是不健康的，積極向上的生活是需要幽默和笑聲來點綴的。

幽默是最有效的精神按摩方式，如果一個人常處於頹廢、沮喪、愁悶的精神狀態下，那麼一些疾病纏身的機率要比那些幽默、開朗、愉悅者大得多。所以對於生活壓力很大的當代人而言，學會幽默無疑是一個調節身心的有效妙方。

據說美國某些科研機構已經推行幽默療法，幽默可以使許多患者全身肌肉得到鬆弛，解除煩惱、內疚、抑鬱的心理狀態，從而更有利於疾病的治療。研究表明，幽默可以減輕煩惱帶來的鬱悶感，減輕病痛帶來的痛苦感，有利於調節情緒和消除身心疲勞。

有一天一隻中年的老鼠和掉到地上來的蝙蝠談起了戀愛，過不久就娶了這隻蝙蝠，當一群鼠輩前來祝賀的時候，才發現新娘真是好醜好醜。

於是，就有人告訴牠說：「喂，老兄，你的老婆怎麼醜成那副德性呢？」

但這隻中年老鼠可不以為然，牠說：「喂！老兄，俺的老婆，即使再醜，也是一個空中小姐啊！」

在人生道路上，令人鬱悶的事情常會發生。倘若能夠有一顆聰慧的、幽默的心，便可以化鬱悶為動力，方能擁有一個快樂的人生。

幽默不是成功者的專利，事實上它可以表現為一種自嘲，表現為一種調侃，表現為一種風趣詼諧的生活態度，它不僅僅對我們自身的心情有益，同時也影響了我們周圍的人。

有位年輕人，剛買到一輛摩托車便被一場意外撞成了無用的殘骸。面對著肇事車，很多人以為他會大罵一頓解解恨，不過這個聰明的年輕人卻如此說道：「唉，我以前總說，要是有一天能有一輛摩托車就好了。現在我真有了一輛摩托車，而且真的只有一天！」

周圍的人乍聽之下都笑了，連肇事者也忍不住為這個年輕人的胸懷豎起了大拇指，他沒等年輕人張口，便主動掏出了全部賠償費。

智慧的人都是懂得幽默的。對於這個年輕人而言，車被撞壞已成事實，即使開口大罵也無法挽回，不如以這樣一種幽默，既讓自己不那麼難受，又能輕鬆地贏得了賠償。事實上，幽默並不神祕，每一個普通人都可以做到。我們要擦亮我們的眼睛，認真體會我們的生活，幽默就在我們生活的點點滴滴中。

作為一個幽默的人，他不但可以自我消遣，從而排除生活中的各種鬱悶，壓抑的情緒，而且還能把這種快樂傳染給身邊的人，從而建立起一種和諧的、健康的生活環境，這無非都是利於人類健康生存的重要因素。所以讓我們都盡力去發揮自己的幽默感吧，調節自己的身心，也感染我們快樂的環境。

幽默來自於樂觀的生活態度和積極的心理狀態，一個有幽默感的人必定是一個心理健康的人，他懂得如何以幽默來保持樂觀，來打破僵局，來解除敵意，化解尷尬。此外，幽默代表著一種高尚的生活態度，優雅的生活觀念。

# 5・相信明天更好

無論過去發生了哪些故事，都已經成為歷史的前頁。我們應該以一顆坦然的心去回憶那些輝煌或者挫敗，把更多的心思和希望放在未來才是智者的選擇。相信明天會更好，就不要計較過去的得失和痛苦，放下過去，才能輕鬆地走在通往明天的大道上。

相信明天更美好是一種積極的人生態度，有夢想才會有奇蹟。夢想是現實之舟，放棄了夢想，就是放棄憧憬美好的未來。堅持未來是美好的，才能更有力量、更有動力堅持走下去。

未來是美好的，充滿希望的。如果你從過去的挫敗中走不出來，甚至覺得明天也是無望的，那麼你的生命就談不上有任何價值了。試問，一個放棄未來的人，還有可能成功嗎？即使你仍處於失敗的痛苦中，但是不要忘記你還有明天的希望。只要你還有明天，那麼你便還有機會。人不能輕言放棄，夢想總是不可能輕易達到，有時候需要歷經千種磨難方能成為現實。無數成功者以他們自身的例子告誡我們，要對未來充滿信心，相信明天會更好，即使今天的路上充滿了荊棘和溝壑，也無法阻擋強者的腳步。

如果你今天依然活在昨天的陰影中，那麼請轉過身來望著陽光，把陰影甩在身後。有陽光的地方就會有陰影，如果你因為這些陰影而忘記陽光的存在，這樣就太愚蠢了。今天的失敗是明天成功的母親，愛迪生的無數次試驗就是最好的例子。如果愛迪生沒有那樣一種自信的堅持，恐怕世界光明不知道又要往後拖延多少年。

只要你還有明天，那麼你就還有機會，請記住不要輕易放棄，美好的明天總是有奇蹟發生，要忘記昨天，善待今天，堅信明天！

# 6．吃虧帶來好運

吃虧是福。一直以來就有這樣的說法：破財免災，吃虧是福。事實也是如此，在人生的路上，如果我們能夠以博大的胸懷，忍受一些「吃虧」，或許意外的好運就在眼前。退一步海闊天空，吃一點虧或許會帶來好運。

凡成就大事業者，無一不具備灑脫的情懷，或許正是由於他們的這種英雄般的人生態度，才會讓他們的「好運」連連。

在表面上看，吃虧確實是一種損失。不過有失必有得，有時候你的「小失」卻為你換來了「大得」。

一個年輕人剛大學畢業就進入某一產品的銷售部，負責產品推廣。他擁有一流的口才，但更可貴的是他的工作態度和吃苦精神。那時公司正在著手新產品的銷售管道，新舊產品都同時趕著銷售，每一位員工都很忙，但老闆並沒有增加人手的打算，於是負責舊產品銷售的人員，總是被指揮去新產品銷售團隊去幫忙。不過整個銷售部只有那個年輕人欣然接受指派，其他的都是去一兩次就抗議了，覺得跨越了自己負責的範圍。那些有社會經驗的老將們有意無意地嘲笑他傻，他聽了以後則不以為然：「吃虧就是占便宜嘛！」

老員工們很奇怪，他有什麼便宜可占呢。總是看到他跟個苦力一樣四處奔波，為新產品貼廣告，發傳單，暗自想這真是一個傻人。後來他又常去下層生產部，參與現場的生產，只要哪缺人手，他都樂意去幫忙。

兩年過後，正是這位被嘲笑的傻人，積累了很多經驗，自己成立了一家設備銷售公司，雖然規模不大，但是前景很樂觀。原來他是在以前公司任勞任怨的時候，把銷售公司的基本流程都看懂了，這樣說來，他真的是占了大便宜啊！現在，他仍然抱著這樣的態度做事，對下屬、對客戶、對合作方，他都以吃虧來換取合作者和客戶的信任，換來下屬員工的一致擁護。這種謙虛的態度、以及寬和的修養使他在年輕一輩中脫穎而出。

坦然地面對吃虧，並接受它是一把成功的鑰匙。有時候一點點額外的付出，既贏得了他人的感激，也贏得了他人的信任，何樂而不為呢？

可見，吃虧不再是普通意義上的利益損失，更多地表現為一種氣度，一種給予。這種面對利益得失的澹泊，能夠審時度勢的氣魄才是大將的風範。

今天吃點虧，或許就能在明天換來一些擁護和幫助。人生在世，要把眼光放長遠。如果總是計較眼前的利益得失，恐怕好運也不會來光顧你。

# 7・想贏就不怕輸

勝敗乃兵家常事。在人生的征途上，從起點到終點，迎接我們的既有鮮花和陽光，也有荊棘和陰霾，如果我們因為害怕挫折、害怕失敗而放棄嘗試，那麼永遠也不可能成功。失敗如同新鮮空氣中夾雜的沙子，如果你因為害怕沙子而關掉窗戶，那麼你永遠也得不到新鮮空氣。想贏就不要怕輸，輸並不可恥，相反倘若能正確地看待失敗，並從中總結出經驗和教訓，才能離成功更近一步。

亞伯拉罕・林肯是美國第16任總統，也是世界歷史中最偉大的人物之一。他的一生是不平凡的一生，從他的人生經歷中，我們可以深刻地體會到他的人生格言：要想成功就不怕失敗。

一八〇九年2月12日，林肯出生在肯塔基州哈丁縣一個清貧的農民家庭中，為了謀生，年輕的林肯走上了從商的道路，不料22歲那年，他生意失敗，損失慘重。

於是一八三二年，林肯應徵入伍。退伍後，當地居民推選熱心公務活動的林肯為州議員候選人，但是他的初次競選沒有成功。於是他再次走入商業，可惜的是由於投資失敗，他的生意再次以失敗告終。

不過，這些都沒有讓年輕的林肯心灰意冷，他利用閒暇時間大量閱讀歷史和文學書籍，希望通過自我提高而有機會能夠再次競選州議員。工夫不負有心人，由於他對公眾事業的熱心，以及他精彩的政治演說，終於在一八三四年被選為州議員。然而就在他的事業剛剛有所抬頭的時候，他的未婚妻去世，帶給他巨大的傷痛。林肯在其27歲那年精神崩潰，不得不在家休養。29歲那年，林肯參加州議長競選，由於準備不充分等原因，這次競選失敗。34歲那年，林肯參加國會議員的競選，依然以失敗告終。

事隔三年後，林肯再次參加國會議員競選，三年前的失敗給了他競選的經驗，這一次他成功了。然而，在連任國會議員的大選中，林肯又慘遭失敗。

共和黨成立以後，林肯加入並在一八五六年參加了共和黨的副總統候選人競選，他堅持奴隸制應該廢除，但必須通過和平的方式來廢除。他的這次競選雖然沒有成功，但大大擴大了政治影響，為他將來的政治旅途鋪平了道路。

經過數年的坎坷探索，一八六〇年，林肯成為共和黨的總統候選人。同年11

月，選舉揭曉，林肯以200萬票當選為美國第16任總統。遙想他之前的政治生涯，歷經過多少次失敗，才有了今天的成功。可以這麼說，是一種神祕的力量將林肯從小木屋推向了白宮，而這種神祕的力量就是不服輸的精神。

馬克思也曾高度地評價過林肯：林肯是一個「不會被困難所嚇倒，不會被失敗所挫敗，不會被成功所迷惑的人。」他不屈不撓地邁向自己的偉大目標，而從不輕舉妄動。他穩步向前，從不倒退。

對於我們普通人也是如此。我們不應該害怕失敗，失敗並不是說明你不行，而是在你成功的道路上對你的鍛造。哪一塊金子不是通過千錘百煉才出爐的呢？人的一生，不是隨隨便便就能成功，誰不是經歷了風雨才能見到彩虹的。事業的失敗，婚姻的失敗，學業的失敗都算不了什麼，這些或許都是為了你人生的成功而不得不經歷的鍛造。記住：無論在哪裡輸了，都要在哪裡爬起來，繼續前進。如果害怕失敗而駐足，那麼永遠也看不到美好的終點。

失敗並不可怕，可怕的是失敗之後的一蹶不振。誰也不會盼望失敗，失敗畢竟是一件令人痛苦、沮喪的事情，但是因為我們無法避免所以我們只能勇敢接受。沉湎於過去的失敗根本解決不了任何問題。如果林肯因為以前競選失敗從此不再涉足政治，恐怕美國歷史上就缺少了一位如此優秀的總統，甚至連美國的歷史也將重新譜寫。所以失敗並不是沒有一點好處的，起碼從失敗中我們可以吸取經驗，從失敗中我們可以改正缺點。

失敗是通往成功的天梯，雖然這些天梯難走又總是使我們受傷，可是我們別無選擇。要想成功，必須承受得起失敗的打擊，失敗是成功的前言，你需要有勇氣把它讀完，相信美麗的內容很快就會進入你的眼中。

# 8・看淡不平之事

生活中常有不公平的事情出現，你努力了，付出了反而沒有得到回報的事情也不僅只出現在你的身上。由於地球是圓的，總有一些人站在圓的切線點上比你早幾分鍾看到太陽。人生的事情，很難做到公平，有些人生下來或許就含著「金鑰匙」，而有些人或許生下來身體就不完整，這些都是我們先天無法掌握的，只能接受。面對著這些所謂的不平，平庸之輩只會埋怨，而不以實際行動去改善，結果差距越來越大；智者則會坦然地接受它們，積極地用後天的努力去改變這種不平，贏得自己的人生，也贏得了更多的敬佩。

斯蒂芬・威廉・霍金，「黑洞」理論和「量子」學說的創始人，對於他而言，命運是很不公平的，他天生就是一位中樞神經殘廢者。由於肌肉嚴重衰退，他失去了行動能力，手不能寫字，話也講不清楚，終生要靠輪椅生活。但是他並沒有對於這些身體的殘疾而怨天尤人、斤斤計較，也沒有因為身體的局限而停止人生的探索。相反，斯蒂芬・威廉・霍金曾先後畢業於牛津大學和劍橋大學三一學院，並獲劍橋大學哲學博士學位。

由於身體行動的不便，他只能用一個小書架和一塊小黑板完成他的研究過程。在他的研究過程中，它克服了無數次常人無法想像的困難，最終在天文學的尖端領域——黑洞爆炸理論的研究中，通過對「黑洞」臨界線特異性的分析，獲得了震動天文界的重大成就，為此榮獲了一九八〇年度的愛因斯坦獎金。

然而，這位失去了行動能力的科學家在一九八五年病情惡化，連語言能力也被剝奪了。這時候的他依然沒有把時間放在埋怨命運上，他利用一台電腦聲音合成器來間接表達他的思想，爭分奪秒地在他有限的生命中創造奇蹟。他用僅能活動的幾個手指操縱一個特製的滑鼠在電腦螢幕上選擇字母、單詞來造句，然後通過電腦播放聲音。有時候，為了合成一個小時的錄音演講要準備10天。身體的如此不便絲毫沒有減慢他研究的速度，他在統一二十世紀物理學的兩大基礎理論——愛因斯坦的相對論和普朗克的量子論方面走出了重要一步。如今他已經被稱為在世的最偉大的科學家，當代的愛因斯坦，我想這種殊榮，斯蒂芬・威廉・霍金當之無愧。

寵辱不驚，看庭前花開花落；
去留無意，望天空雲捲雲舒。

從這副對聯中，我們可以深刻地體會到一位智者的人生態度。

生命和生活有時候並不如我們想像中美好，它們對於我們每一個人的待遇都有所偏心，有的人確實生於榮華，處於豐順；有的人或許就沒有那麼多天生的優勢。不過相信上帝在為你關上一扇窗的同時，肯定為你打開了另一扇窗。看淡這些不平，才能潛心去做正經的事情。我們的心和胸懷就那麼大，如果裝滿了埋怨和憤憤不平，又怎麼能有心思去探索自己的夢想呢？

生活的真諦是淡然。面對人生的不公，不可強求，安心做好自己的事情就夠了。生活就是如此，它給了你什麼你是無法改變的，不如坦然地接受，利用它賦予你的東西去實現自己的人生價值。看淡生活的不平，便是懂得如何生活。懂得生活的人，不僅僅是成功的人，也是智慧的人。沒有什麼可以完全按著你的意願去發展變化的，有時候付出了，努力了反而沒有回報的事情並不代表它們白白付出，相信它們肯定會以其他形式，在其他方面補償你的。

付出和回報有時候展現出的不平衡，只是暫時現象，需要從長遠的角度來看。然而有的人偏偏不懂這一點，他們不把精力放在奮鬥上，放在探索人生上，反而苦苦追尋著平衡，換來的也不過是勞累罷了。真正的愚蠢便是這樣不懂生活，只會怨天尤人。

生活的真諦是淡然。面對人生的不公，不可強求，安心做好自己的事情就夠了。生活就是如此，它給了你什麼你是無法改變的，不如坦然地接受，利用它賦予你的東西去實現自己的人生價值。

# 第8章

# 換個方向，吃苦也是吃甜

很多人遇到事情的時候，總是想不開，容易掉入死胡同。鑽牛角尖的經歷恐怕很多人也都親身體會過，這種經歷讓很多人吃盡了苦頭。所以，當一個方向走不通時，嘗試著換另一個方向，或許那就是你尋覓很久的桃花源。

# 1．吃苦是福，境由心生

苦難是每一個人都不想碰到的，但是當它出現在我們的生命中時，我們又無法逃脫，這時候我們就需要換個方向來看待它——吃苦是福。

苦是人生不可缺少的鈣元素，如果你沒有吃過苦，說明你的人生不是完整的。學會吃苦，懂得如何吃苦，你便能夠從中收穫巨大。苦，雖然折磨人，但是同時也是鍛鍊人的最直接的方法。吃苦是一種資本，因為不經歷一番寒徹骨，怎有梅花撲鼻香？只有嘗過了人生之苦，收穫的果實才能更加甘甜。

一個在溫室中長大的孩子，沒有風雨的鍛鍊，沒有烈日的烘烤，很容易一走出溫室就經受不起外界的惡劣條件而被擊垮，這種精神上的缺鈣現象同樣告訴我們，適當的吃苦是必需的。苦，鍛鍊了人的心智，磨練出人的意志，使人能更樂觀地憧憬著美好。境由心生，路便越來越好走。

據說，在亞馬遜平原上生活著一種雕鷹，這種鷹被稱為亞馬遜平原的「飛行之王」。然而成為飛行之王的路是不平坦的，必須經歷一段其牠鳥類從未吃過的苦頭才行。當小雕鷹剛學會飛翔不久，母親便把牠的翅膀上的大部分肋骨弄斷，然後把小雕鷹叼到山頂、樹梢等高處，再從上往下扔，強迫小雕鷹忍痛飛翔。困境中的小雕鷹有強烈的求生力，牠受傷的翅膀依然可以扇動，這時候由於骨骼有很強的再生能力，受傷的翅膀在充血中得到歷練。當牠痊癒後，那雙翅膀就如再生的鳳凰，充滿神奇的力量。

但是如果有好心人，把小雕鷹帶回家，把牠的傷口包紮好，讓牠慢慢養傷，那麼牠就躲開了吃苦的經歷，當把牠重新放回到平原上的時候，牠就無法再飛高了。

吃苦是福，吃苦才給了小雕鷹一雙神奇的、充滿力量的翅膀，人生是幸福和痛苦的混合體，我們無法保證誰的人生全是甜蜜，相反我們卻可以肯定每一個人的人生都是幸福和痛苦的混合體。幸福可以給你美妙的感覺，而痛苦卻可以給你異於常人的翅膀。

世界著名畫家梵谷的一生，可謂是歷經萬般苦難的悲慘世界。從《梵谷》的字裡行間，我們都可以深刻體會到這位偉大的畫家的傷口和疼痛。這個世界上或許沒有人可以真切體會他的苦痛。我們難以想像，是什麼樣的痛苦可以讓他自己忍心用剃鬚刀片割下了自己的一隻耳朵；我們更難以想像，是什麼樣的苦難可以讓他在麥田中竟然對著自己的胃部開了一槍，而且是不致命的一槍。兩天之後，這位畫家才在劇痛中去世。

或許他早已精神崩潰，或許他早就厭煩了這個苦難的人生，然而苦難卻又同時給了他曠世的創作靈感。這位年輕的畫家在他短短的37年的生命中，奉獻出了震動世界的名畫。他早期的畫喜歡用荷蘭畫派的褐色調，但他天性中存在的熱情使他拋棄荷蘭畫派的暗淡和沉寂，並迅速遠離印象派，因為印象派對外部世界瞬間真實性的追求和他充滿主體意識的精神狀態相去甚遠。

在他的畫作中，不是以線條而是以環境來抓住對象。他重新改變現實，以達到實實在在的真實，促成了表現主義的誕生。

歷史證明，這位生前一直不得志的畫家，在其死後若干年終於得到了世人的認可。他的作品一幅比一幅貴，幾乎都是上億美元的天價。這是作者的苦難賦予它的價值。

作家史鐵生雖然失去了雙腿，然而他卻用心靈和鼻尖感動了一代人。在他最青春得意的年齡時，他卻失去了雙腿，後來又患了尿毒症，需要靠洗腎來維持生命，他自稱是「職業是生病，業餘在寫作」。這種苦難是一般人無法忍受的。然而，史鐵生堅持走過來了，並且成為了一名作家。

吃苦是難免的。這苦有輕有重，無論命運給你安排了哪一種，你都無從抗拒。但是要相信命運是公平的，你的苦有多大，它後面的甜便有多大。

不要害怕吃苦，要從另一個角度來審視苦難，接受苦難。當你克服它的時候，就是你自由翱翔的時候。

# 2．苦不盡，哪有甘來

記得小時候買過一種苦味糖，這種糖剛開始吃的時候，非常苦，很多孩子因為忍受不了而吐掉，然而只要堅持一小會兒，外面的苦層化掉之後，剩下的部分就格外甜了。如果因為經受不了苦味而早早地把糖丟棄，那麼也就嘗不到後面的甘甜了。苦不盡，哪有甘來？人生就是一塊苦味糖，先苦後甜，或者苦甜參半才是它的真實味道，如果你因為它的苦味而早早地對它放棄了希望，那麼人生的甘甜也永遠不會到來。

二十世紀20年代，貝里・馬卡斯跟隨父母從俄羅斯來到美國，全家在紐威克一個窮人聚居區安頓下來。他的降臨讓他久患風濕病而無法下床行走的母親重新可以走路。母親常常告訴他，對生活要有信心，生活總會苦盡甘來。母親的能夠再次下床行走恰恰驗證了母親的這句口頭禪。這種樂觀的生活態度潛移默化地影響著他的生活。

貝里・馬卡斯回憶道，雖然母親的風濕病沒有完全康復，但她從不抱怨生命，她甚至會不時取下手上纏著的石膏繃帶，在寒冷的冬天為孩子們洗衣服，在炎熱的夏天為孩子們做飯。儘管生活艱辛，母親始終相信苦盡甘來這一道理。

馬卡斯從小的理想是上醫學院，畢業後成為一名大夫。因為家庭的經濟約束，他就近選擇了路特格大學的紐威克校區，這樣便可以住在家裡而省下住校的費用。馬卡斯開始學習醫學預科課程，並取得了優異的成績。

一天，系主任通知馬卡斯，已經為他爭取到了上醫學院的獎學金，然而他自己還必須另繳一萬美元的學習費用。對於當時馬卡斯的家庭狀況而言，這是一筆巨大的支出，是負擔不起的。於是，馬卡斯只好退了學，到佛羅里達州去找工作。路上，馬卡斯跟母親通了電話，告訴了她這個不幸的消息。母親的回答給了他勇氣：「孩子，不要失去希望，不要害怕吃苦，早晚有一天你會苦盡甘來的！」

後來，馬卡斯在餐館當了一年服務生，有了一定的積蓄後，他選擇了新澤西州的藥學院繼續他的夢想。畢業後，他開始行銷藥品，這讓他接觸到了商品零售業，並開始喜歡上了它，直到他跳槽到西部一個名為「便民」的零售公司，他對於自己的人生有了真正的想法。

在「便民」公司，他常看到不少自己動手裝飾和修補住房的人來買各種家裝必需品，但他們不可能在一處一次就買齊。一天，他突然有了一個主意：如果能有一家大商場，把所有的家裝材料店，如廚衛設備店、塗料店、木材店全都包括進來，顧客豈不更方便？要是所有經銷商都懂得怎樣修馬桶或怎樣安裝吊扇，豈不更好？這便是馬卡斯的夢想的起源。

一九七八年的一天，老闆召見他，馬卡斯便向老闆談了自己的建議，希望通過他的提議可以把「便民公司」變成一家盈利的大型連鎖超市。然而，老闆認為這是馬卡斯在他面前炫耀才能，於是不但沒有接納他的意見，反而將馬卡斯解雇了。

母親的話再次浮現在他的腦海中，他沒有被打倒，苦澀給了他更多的力量和勇氣，他決定放手自己幹。馬卡斯利用這個被解雇的機會，決心自己當老闆，著手實現創建一個大型家裝材料總匯超市的構想。他的這個超市將面向人口眾多的工薪階層，他們是自己動手搞家裝的主力，他這樣做，正好為他們提供了及時的、恰到好處的幫助。於是，一個名為「家庭」的大型家裝材料公司應運而生。

在馬卡斯的悉心管理下，這個材料公司的生意非常紅火，業務已經遍及全美國，甚至開始擴展至全球。如今，馬卡斯已年滿72歲，他在零售業行銷市場上奮鬥了50餘年。當談及他的成功，他總是謙虛地說，這沒什麼，只不過是我一路堅持走來，最終苦盡甘來。

人生就是酸甜苦辣的百味瓶，你不可能一路走來都是含著蜜糖的。生活的真諦便是有苦有甜，先苦再甜，吃甜憶苦才是不斷交叉的兩種人生狀態。

苦不盡，哪有甘來？用這條人生哲理時刻鞭策自己忍受磨難，不斷前進，那麼甘甜的生活才會在不久之後出現。

# 3·苦難是必經的磨難

苦難是一所人生大學，凡成大事業者都是從這所學校合格畢業的學生，經歷了苦難的磨練，你才能夠更加強壯。很多人看到成功人士的光環時，便開始埋怨人生不公，這些人只看到了美好的一面，卻沒有看到他們也是從風雨中走過來的。沒有經歷風雨又怎麼能看到美麗的彩虹？停止抱怨吧，敢於接受苦難的磨練才是成功者該有的氣魄。

天有不測風雲，人有旦夕禍福。苦難和機遇對於每一個人都是公平的，而他們往往也是同時出現的，很多人因為害怕苦難而把機遇也關在門外。苦難並不可怕，可怕的是逃避。看那些碌碌無為之輩，因為苦難而哭泣，因為不順而驚慌，應該奮起反抗的時候卻一蹶不振，絲毫沒有鬥爭的激情，最終被打擊得一敗塗地。再看那些成功的人，他們微笑地面對苦難，勇敢地接受苦難的鍛鍊。他們深諳人生的哲理和智慧：苦難既然是成功必需的磨難，那麼就讓暴風雨來得更猛烈些吧。

楊懷保是一個普通家庭出來的孩子。他父母重病纏身，弟弟年幼，繁重的生活瑣事都壓在了他的身上。他從12歲起就成了家庭的頂樑柱，一路走到如今，由於那些生活的磨難，使他比同齡人更加堅強和懂事。

楊懷保上初中時，他的母親因病喪失了勞動能力，這無疑使這個貧困的家庭雪上加霜。對於年幼的楊懷保來說，生活的磨難才剛剛開始。讀高中一年級時，他的弟弟也開始上學。多病的父親來到郊外一個建築工地上幹活，才幹了幾天，膝蓋便被鋼筋砸傷。由於沒有到正規醫院接受手術治療，父親的腳落下了後遺症，喪失了幹重活的能力，一家人的生活陷入絕境。學校在獲悉楊懷保的家境後，決定免除他三年的學費。

然而，在惡劣的條件下，楊懷保還是堅持下來了。高三那年，當別人都在抓緊每一分每一秒衝刺的時候，他利用課下的時間和父親去縣城附近幫人收割油菜和小麥。那段時間裡，楊懷保下午放了學便騎自行車帶父親到地裡，一直幹到凌晨1點多。拿工錢的時候，楊懷保驚喜地發現，一個晚上自己跟父親居然可以賺60多元。

即便幹活耽誤了他很多寶貴的學習時間，他依然考上了湖南的湘潭大學，成為村裡的第一個大學生。高考結束後的第4天，楊懷保獨自一人來到西安找工作。在班主任的催促下，楊懷保揣著打工掙來的一千二百元，走入了湘潭大學。

在大學的每一天，當別人都在享受初來大學的閒暇和娛樂時，楊懷保卻一下課就穿梭在校園裡，尋找著可以賺到生活費的工作。二〇〇四年春節，回到告別半年的家中，楊懷保發現父母的身體狀況越來越差，正在長個子的弟弟也十分瘦小，他們都需要人照顧。楊懷保作出了一個令所有人大吃一驚的艱難決定：帶著家人上大學。租房子、給弟弟找學校、幫父親找份力所能及的活，楊懷保終於把一切都打點好，將父親、母親和弟弟都接到了湘潭。

為了掙錢養家，學習之餘，楊懷保四處尋找打工的機會。二〇〇四年暑假，楊懷保在長沙一口氣找了三份工作：白天騎上自行車，沿街推銷口香糖，同時利用空隙兼做某大學的招生工作，晚上則到學生家中做家教。每天楊懷保清早出門，一直要忙到晚上10點多。一個暑假下來，他賺了五千二百多元。

二〇〇六年，楊懷保成功應聘到TCL公司。然而，因為父母需要人照顧，他最終忍痛把遠方的工作辭掉了，作出了考研究生的決定。

短短20幾年，楊懷保卻經受了其他年輕人從來沒有遇到過的苦難，然而他絲毫沒有向生活的磨難低頭。走到現在，他已經跨越了最困難的時期，相信以後的路會越來越好。苦難成就人生。羅曼・羅蘭筆下的約翰・克利斯朵夫也是一個苦難的寵兒，從出生到死亡，這個堅強的行者從未因磨難或是誘惑，而改變自己心中堅強的信仰。

苦難是必經的磨難，這不僅僅是一條人生哲理，更是一條人生信仰。有了這樣的信仰，無論受到多大的磨難，你都能堅強地走過去。像一首歌中唱的那樣：陽光總在風雨後。走過迷霧，陽光就會普照大地。

# 4·逆境是上蒼的禮物

上蒼賜予梅花沁人心脾的芬芳，同時也給了它必須經受寒冷的逆境。不經一番寒徹骨，怎得梅花撲鼻香?逆境是芬芳的前奏，逆境是成功的前提。我們要樂觀地看待逆境的出現，不要躲避它的歷練，記住一點：逆境是上蒼的禮物。

當我們出生在人世間的那一瞬間，上蒼就賜予了我們很多禮物，包括生命、語言、美貌、健康，當然還有逆境和磨練。或許你會問磨練也能稱得上是禮物嗎?裡面都是一些痛苦和淚水，答案是肯定的。逆境讓你更加深刻地理解人生，更加真切地體會生命。正是因為這些逆境的存在，你的人生才充滿力量和鬥志。

在地球上，有這樣一種飛蛾，牠的名字叫做帝王蛾。能稱得上是蛾中之王，具有比其牠飛蛾更大的體型，牠們的翅膀也比普通的蛾子更加有力。當帝王蛾出生前，牠們被裹在嚴實的蛹中，必須把翅膀從蛹中硬生生地拽出來。

這個過程是痛苦的，如果經受不起它的磨練，就會遭到優勝劣汰的結果：有的蛾子因為受不了疼痛而停止掙扎，最終將會被困死在蛹中；有的蛾子則在不停地往外拽自己的身體，在這個過程中不斷地磨練著自己柔軟的身體，雖然很痛苦，可是卻鍛鍊出了強健的翅膀。經歷過這樣的逆境之後，他們就具備了上蒼賜予的神奇力量，成為蛾中最優秀的品種。

庸人製造逆境，賢才扭轉逆境。逆境有時候便是上蒼幫助你擺脫庸者的身分而悉心給你安排的。有的人不但不給予感激和接受，反而謾罵命運無情，社會不公，真是十足的愚人。法國畫家庫爾貝的一生幾乎都是在逆境中度過的。然而，他的巨作《浪》卻至今依然打動觀閱者的心魂。

逆境中出人才。在外留學很多人都有過這樣的經歷，他們放棄了國內的安逸生活，獨自一人面對國外的種種困難，在那樣的逆境中得到了很多的成長。在外留學時，幾乎每一個人都有過辛苦打工的經歷。他們白天上課，晚上去幹活，還要忍受一些本地人的歧視和欺辱。從碼頭上扛大包的人群中，從餐館中忙忙碌碌的人群中，從工地上扛水泥的人群中，都時常有他們的身影。

有一位朋友回憶國外的那段生活時說道，歷練，國外的每一天都如地獄般歷練。那時候，由於語言不通，給生活帶來巨大不便。上課也總是聽不明白，需要課下花費十倍的精力重新溫習。由於膚色不同，總會遭到謾罵和指點。一天趕三份小工，為了微薄的收入，早上很早就得起來去送報紙。恍惚記得那時候，每天只能睡三個小時。當然，走過了最黑暗的路，現在便是收穫的季節。

逆境才是磨練意志的環境。溫室中依然缺乏一些生命的元素。逆境讓人的生命更加完整。人的潛力是無限大的，很多時候我們在順境中是不能把它們發揮出來的。這時候逆境就派上了用場，它可以刺激我們的鬥志，激發我們的潛力。

成功不會來得那麼簡單，它的前序就是那些令很多人退縮的苦難。逆境是上天賜予你的禮物，雖然外表可憎，但是金玉其內，不要拒絕，勇敢地接受它吧！

# 5．面對死路尋求轉變

地圖告訴我們，世界上不僅僅有一個方向。指南針給我們指的也不僅僅光是南方，當前方的路已經是死胡同時，請不要再執著地等下去，幻想有一天突然出現了大路，不妨轉個身，換一個方向繼續探索。生命總是充滿戲劇化的轉折，有時候僅僅需要一個轉身，你的生活或許就從此不同。所以在生命的旅途中，應該保持一顆靈活的頭腦，適當的時候用一張新地圖來指導自己的行程才是智者的舉動。

當我們前進的航程突然被擱淺時，千萬不要急於重新上路，一股腦往前衝只會帶來更大的失敗。我們要冷靜下來，首先判斷一下我們是否按著先前的地圖航行，然後我們再從失敗中尋找寶貴的經驗，用它們來改善我們的航行地圖，找到最好的路線。一件事情失敗了，大抵有三種可能：一、是此路不通，你需要另外開闢一條路，重新選擇一個方向；二、是方向沒有錯誤，但是前方有障礙，應該想辦法解決，有時候繞開障礙比撬開障礙更加省時省力；三、是前方的屏障或者迷霧遮住了我們的眼睛，成功就在前方，我們需要再堅持一下。

了解了失敗的三種可能，或許能更好地為你的航行添加動力。

一位富翁在非洲狩獵，一匹狼成了他捕捉的對象。然而他與這匹狼周旋了好久，最終也沒有成功。他精心設計的狩獵圈套也沒能誘惑住這匹稱得上聰明的狼。富翁最後只能放棄，眼睜睜地看著獵物跑掉了。

他對當地的居民說：「太遺憾了，我狩獵這麼多年，第一次碰到如此難纏的獵物。以前捕獲過無數的獵物，像山羊、小牛、羚羊、豺狼等，都能夠掉入我設下的陷阱，可是今天遇到的這匹狼太聰明了。當我追趕牠的時候，牠被我追到一個近似於「丁」字形的岔道上，正前方是我的搭檔在舉槍等著牠，後面有我在追趕牠，牠本應該可以選擇岔道逃掉，這樣牠就落進了我的陷阱，可是萬萬沒想到牠竟然轉頭，朝我快速地奔來，我一不留神，牠就跑掉了。太可怕了，牠怎麼會察覺到那是陷阱呢？」

當地的居民向他解釋：「這種狼是很聰明的，牠們知道有時候巧妙地轉換方向，反而為自己的生存爭取了時間。如果一門心思往前衝，要麼掉入陷阱，要麼被槍擊斃。他們能夠敏感地察覺到，那條看似平坦的路上反而是設有陷阱。懂得變通成為這種生靈能夠一直生存到現在的祕訣。」

世界是永恆變化的，沒有什麼應該是一成不變的。很多人執著地按照一張老地圖尋寶航行，結果要麼觸礁身亡，要麼空手而歸。所以說智慧的人要學會變通，要像那隻非洲狼一樣能夠根據實際情況變換方向，及時地繪製一幅新地圖，才能「以一變應萬變」。

在人生的航程中，風雨驟變，如果不能作出及時的判斷，總是我行我素，因循守舊，沿用老一套的思維或者方法，那麼成功必將來得不順利。正確的發展方向直接決定了人生的成敗。有時候成功僅僅靠勤奮是不夠的，一個智慧的變通強過無數汗水的澆灌。如果汗水代表勤奮，那麼智慧的選擇就是確定你的方向、目標和位置。勤奮是必需的，然而這個勤奮必須用在正確的方向上，盲目的勤奮只能是事倍功半。

有人說，成功是靠百分之九十九的汗水加百分之一的天分換來的。那麼百分之一的天分就是對於變通的把握，雖然它僅僅佔據了一分的比重，可是沒有它，成功也無法實現。少了變通就少了成功機率。如果你總是從一個方向考慮問題，那麼路子越走越窄，甚至通常還會走入死胡同。

## 6.絕境之中尋找機遇

陸游曾如此寫道：山重水盡疑無路，柳暗花明又一村。很多時候，我們可能也會遇到「山重水盡疑無路」的絕境，這時候悲觀的人便會自怨自艾，不採取任何行動，反而蜷在絕境中等待失敗的判決；而樂觀的人即使遇到了無路可走的絕境，依然不會被打倒，他們有信心在這一團迷霧中找到他們人生的「又一村」。

一九五九年，美國人維瑞爾與妻子羅娜和六個孩子去沙漠遠足，他們沒有在人們經常往來的道路上行駛，而是鋌而走險，插到一條小路上進行沙漠探險。由於他們事先沒有通知他人他們的去向，所以當汽車走到無路可尋的時候，他們的通訊設備又出現了故障，陷入了沒有支援的絕境中。而維瑞爾這一家人面對這樣的絕境，並沒有失望地等死，他們積極地尋找求生的機會。

由於維瑞爾在拐彎時撞到一塊有尖角的石頭，因此碰壞了水箱。水從水箱中白白地流走了，一家人不但陷入了無路可走的地步，最糟糕的是沒有充足的飲用水和糧食，僅有水箱裡殘存的一點混有防凍劑的冷卻水。為了解渴，連這點水也被他們一人一口喝完了。

妻子羅娜沒有放棄求生的希望：她讓孩子們在汽車的陰影下休息，以保持體力；與丈夫將兩條毯子裁成條狀，組成求救信號；還卸下倒車鏡準備借用陽光的反射向空中的飛機發出求救信號；將備用的輪胎浸透了油以便隨時點著作為求救的信號；將四個輪胎罩放在地上準備採集清晨的露水。白天她把丈夫和孩子們的嘴唇及皮膚上的水泡都塗上口紅，後來她發現沙漠表層下幾公分處較陰涼，便將孩子們的身體埋在沙子裡，還將他們的臉部用東西蓋上。她還折斷近處的一棵樹枝，剝去樹皮吸樹液；由於中午氣溫過高，孩子們的臉上的皮都破了，夫妻倆就收集小便，用破布將小便抹在孩子們的臉上藉以降溫；由於找不到水源，他們就將仙人掌切開在火上烤，吸水滴藉以解渴。在這樣炎熱的絕境中堅持了三天，終於有救難隊發現了他們的求救信號，把他們救了出來。一家八口雖然歷經了生命的險惡，還是都安安全全地活了下來。沒有一個人放棄生命。

人的生存意志是非常強烈的，在平時的環境中我們可以意識不到它的存在，然而當遇到絕境的時候，它便能被激發出來。所以遇到絕境時，我們不能失去希望，要冷靜下來分析境況，尋找機會，找出解決問題的方法。

傳說中，鳳凰是人世間幸福的使者，每500年，她就要背負著積累於人世間的所有不快和仇恨恩怨，投身於熊熊烈火中自焚，以生命的終結換取人世間的祥和和幸福。同樣在肉體經受了巨大的痛苦和輪迴後，她們才能得以更美好的身形重生。

## 7．吃苦中苦，為「人上人」

無數成功者的例子都告訴我們這樣一個道理：吃苦中苦，為「人上人」。成功哪有那麼簡單，不付出超越常人的努力，就收穫不了超越常人的成功。

從小我們就以懸樑刺股的故事自勵自勉，事實上這個故事來源於兩個歷史人物。東漢時候，有個人名叫孫敬，是東漢著名的政治家。據說他年輕時非常好學，經常關起門，獨自一人不停地讀書。每天從早到晚讀書，常常是廢寢忘食。讀書時間長，勞累了，還不休息。時間久了，疲倦得直打瞌睡。當其他人都躺在床上舒服地休息時，他總是在伏案看書。後來他怕疲倦影響讀書學習，就想出了一個特別的辦法：用一根繩子，一頭綁在房子的橫樑上，一頭拴住自己的頭髮。當讀書疲勞打盹時，頭一低，繩子就會牽住頭髮，這樣會把頭皮扯痛了，於是就清醒了可以繼續學習。

而在戰國時期，有個人名叫蘇秦，是戰國時期的政治家。他年輕的時候，由於學問不多，未曾受到重用，而且家人對他也很冷淡，這些深深地刺激了他。於是他下定決心，發奮讀書。他常常讀書到深夜，為了克服疲倦，他準備一把錐子，一打瞌睡，就用錐子往自己的大腿上刺一下。猛烈的疼痛會把他的疲倦趕走，再堅持讀書。數年以後，他果然才識過人，成為大家敬仰的政治家。

當然，講述這些名人傳記並不是說你必須做到懸樑刺股才可以成功。我們不宜模仿那些自我激勵的做法，然而，這些故事卻形象地告訴了我們成功並非那麼容易，成功者的背後都是忍受和經歷過苦痛和磨難的。

很多時候我們僅僅是看到了他們耀眼的光環，殊不知「沒吃苦中苦，何成人上人」。他們在背後也曾付出千倍於我們的努力，才成為我們所敬仰的名人。

晉代時，車胤從小好學不倦，但因家境貧困，父親無法為他提供良好的學習環境。為了維持溫飽，沒有多餘的錢買燈油供他晚上讀書。為此，他只能利用這個時間背誦詩文。夏天的一個晚上，他正在院子裡背一篇文章，忽然見許多螢火蟲在低空中飛舞。一閃一閃的光點，在黑暗中顯得格外耀眼。他想，如果把許多螢火蟲集中在一起，不就成為一盞燈了嗎？於是，他去找了一隻白絹口袋，隨即抓了幾十隻螢火蟲放在裡面，再紮住袋口，把它吊起來。雖然不怎麼明亮，但可勉強看書了。

同朝代的孫康也是如此，由於沒錢買燈油，晚上不能看書，只能早早睡覺。但是他覺得睡覺浪費了很多時間。一天半夜，他從睡夢中醒來，把頭側向窗戶時，發現窗縫裡透進一絲光亮。原來是大雪映出來的光，正好可以利用它來看書。於是他立即穿好衣服，取出書籍，來到屋外。天氣很冷，孫康的手和腳都凍壞了，可是他依然堅持讀書。這種吃苦的精神最終讓他的學識突飛猛進，大大超越了那些家中有錢的富家子弟，成為飽學之士。

王羲之是我國晉朝的一位大書法家，被人們譽為「書聖」。在浙江省紹興市戒珠寺內有個墨池，傳說就是當年王羲之洗筆的地方。王羲之七歲開始便練習書法，十七歲時他便閱讀父親祕藏的前代書法論著，看熟了就學著寫。

據說他每天坐在池子邊練字，送走黃昏，迎來黎明，不知道寫完了多少墨，不知道寫壞了多少筆頭。他每天練完字就在池水裡洗筆，天長日久竟將一池水都洗成了墨色。

無論是懸樑刺股還是雪地取光，這些故事都成為激勵我們後人不怕吃苦的典型事例。要以吃苦為樂，苦是甜的前味，只有敢於吃盡天下苦，方能收穫天下之甜。換一種角度來理解生命之苦，或許你的人生便會豁然開朗。

# 8．跌到最低厚積薄發

從長遠的角度來看，人生就是一條波浪線，有眾多的曲折起伏，高峰低谷相互穿插才譜寫出生命之歌。處於高峰時，面對輝煌，每一個人的表現都是幸福的，沒什麼區別；然而當人生的低谷出現時，智者和愚者就表現出了截然不同的做法：智者即使跌到最低，依然心懷希望，不離不棄，做好準備，厚積薄發；愚者則悲觀抱怨，一蹶不振，只會哭泣，絲毫不為改變現狀而積極努力。

蔡耀星，十六歲那年因為工作時誤觸高壓電，而成為高殘者。一個晴天霹靂般的傷勢讓他的人生跌入了谷底。對於一個健全的人而言，有什麼比失去雙臂更悲慘的呢？

隨著親人的離去，蔡耀星必須學會獨自面對生活。他沒有對生活失去希望，因為沒有手，他便學小狗那般用嘴直接吃飯；因為沒有手，他不得不用腳趾、嘴巴、才能慢慢地穿上衣服；對於他而言，兩隻腳便代替了失去的兩隻手。很快，他便學會了用腳和其他工具的配合完成洗臉、刷牙、洗頭、寫字、看書、梳頭、上廁所等生活瑣事。

別人眼中的奇蹟是他用十幾年的時間慢慢練成的。別人一個簡單的動作，他甚至需要半天才可以完成。今年，在全國「炬光獎」頒獎典禮上，蔡耀星光榮地接受了屬於他的人生獎盃。從他失去雙臂的那一天開始，或許他就為了今天的榮譽而準備著。作為一個殘疾人或許他的身體是不完整的，可是他的人生卻比我們大部分健全的人要完整得多。

韜光養晦，厚積薄發——我們每一個人都有這樣的權利，即使當我們跌入人生谷底的時候，我們依然有權利、有希望去積攢我們的能量，等待爆發的那一天。

喜歡看偵探小說的朋友或許都聽過《菲洛・萬斯探案集》這本著名的小說，然而對於他的作者，美國推理小說之父——范達因的人生經歷，你或許就很陌生了。這個成功的小說家不是我們想像中的那般來自於顯赫的家庭，相反，他出生在美國的一個普通家庭，由於家庭條件的限制，他沒有什麼出國深造的經歷，大學畢業以後，他便走入社會謀職養家。最初，他在一家雜誌社上班，也會常常在報紙上發表文章。

年輕的他雄心勃勃，非常敬仰海明威那樣的文學作家，並以之為人生的理想。然而，少年不得志，幾年過去了，雖然他斷斷續續地發表了不少文章，但仍然是無名小卒，沒有人知道他的存在。他甚至對自己的能力產生了懷疑，覺得自己或許並不適合寫作。

後來，他和雜誌社老闆出現了分歧，老闆一怒之下，把他開除了，他又開始四處求職。求職很不順利，工作一直沒有著落，他的生活一團糟。一天，他忽然暈倒，不得不去醫院檢查。醫生告訴他，他得了一種怪病，而且這種病在短期內沒法痊癒，需要長期住院觀察，同時還叮囑他，住院期間，應該休息，不能用腦過度，做長時間的閱讀是不利於恢復的。這個消息如同霹靂把他的人生打入谷底，他甚至有些絕望了。

日子慢慢過去，然而他的病情卻不見好轉，他想，他不能如此等著死掉，他要做點事情，為他的人生留下點什麼。

於是，他想起來醫生的話：不能用腦過度，做長時間的閱讀是不利於恢復的，那麼他短時間看看書總可以吧。於是他找來很多包括愛情、推理、生活等方面小說，書籍給了他心靈的安慰，也開導了他的身心。由於精神上得到了慰藉，他的病情也隨著好轉。

當兩年以後，他完全康復離開醫院的時候，他竟然已經閱讀了二千冊小說。這些書籍同時給了他巨大的創作靈感，於是他開始著手寫推理小說。收穫是驚人的，他住院的短短兩年，同時也是他無意中潛心準備的兩年。

這一次，他成功了，《菲洛・萬斯探案集》成為世界推理小說史上的經典巨著，全球銷售量達到了八千萬冊。

# 第9章

# 凡事變通，一切問題都簡單

按照常規的思路，有時我們便會缺乏創造性或是跟在別人的後面亦步亦趨。當陷入思維的死角不能自拔時，不妨嘗試一下逆向思維法，打破原有的思維定勢，反其道而行之，開闢新的境界。世界上從沒有一成不變的事物，也沒有放之四海而皆準的真理，必須變化地去看事物。事情發生了總會有解決的方法的，換個角度思考問題，通常就會使一些困擾我們的問題迎刃而解。

# 1・不換思路，生活也就乏味

法國著名科學家法伯發現了一種很有趣的蟲子，這種蟲子都有一種「跟隨者」的習性，牠們外出覓食或者玩耍，都會跟隨在另一隻同類的後面，而從來不敢換一種思維方式，另尋出路。發現這種蟲子後，法伯做了一個實驗，他花費了很長時間捉了許多這種蟲子，然後把牠們一隻隻首尾相連放在了一個花盆周圍，在離花盆不遠處放置了一些這種蟲子很愛吃的食物。一個小時之後，法伯前去觀察，發現蟲子一隻隻不知疲倦地在圍繞著花盆轉圈。一天之後，法伯再去觀察，發現蟲子們仍然在一隻緊接一隻地圍繞著花盆疲於奔命。七天之後，法伯去看，發現所有的蟲子已經一隻隻首尾相連地累死在了花盆周圍。

後來，法伯在他的實驗筆記中寫道：這些蟲子死不足惜，但如果牠們中的一隻能夠越出雷池半步，換一種思維方式，就能找到自己喜歡吃的食物，命運也會迥然不同，最起碼不會餓死在離食物不遠的地方。

人的思維也一樣。人一旦形成了習慣的思維定勢，就會習慣地順著定勢的思維思考問題，不願也不會轉個方向、換個角度想問題，這是很多人的一種愚頑的「難治之症」。

這種思維習慣定勢的影響很大。在生活的旅途中，我們總是經年累月地按照一種既定的模式運行，從未嘗試走別的路，這就容易衍生出消極厭世、疲遝乏味之感。所以，不換思路，生活也就乏味。

世上的事情有時就這麼簡單得讓人難以置信：如果我們墨守成規，等待我們的只有失敗；相反，如果我們稍微動一下腦筋，對傳統的思維方式進行一番創新，就能獲得成功。比如，那種具有「跟隨者」習性的蟲子為什麼就不能動動腦筋，對自己固有的習性進行一下創新——不跟在別人身後漫無目的地奔跑，而是換一種思維方式呢？

當然，讓蟲子擯棄自己固有的習性難免苛求，蟲子畢竟是蟲子。但是，人呢？

研究者發現在一種被稱為梭魚的魚類中也存在僵化的傾向。通常情況下，梭魚會就近攻擊在牠範圍內游動的鰷魚。作為一個實驗，研究者把一個裝有幾條鰷魚的無底玻璃罐放入一條梭魚的水箱中。這條梭魚立刻向罐子裡的鰷魚發動了幾次攻擊，結果牠敏感的鼻子狠狠地撞到了玻璃壁上。幾次慘痛的嘗試之後，梭魚最終放棄，並完全忽視了鰷魚的存在。玻璃罐被拿走後，鰷魚們可以自由自在地在水中四處遊蕩，即使當牠們遊過梭魚鼻子底下的時候，梭魚也繼續忽視牠們。由於一個建立在錯誤信念基礎之上的死結，這條梭魚會不顧周圍豐富的食物而把自己餓死。

當人類也像其中的魚一樣被安排了一個圈套，當他們不能夠掙脫的時候，就會選擇順從和視而不見。一位教授曾說過，人類的思維過程其實就是自己為自己下圈套，當人們鑽進了自己禁錮自己的思維定勢，人類的思想就再也無法自由了。

在生活和工作中，我們常常會遇到困難和挫折，在一次次的碰壁中感到迷茫，覺得前途灰暗，只要我們轉變思想，換個角度來看問題，就會有柳暗花明的感受。善於轉換思路思考問題，常能獲得更多的成功機會。

# 2．開闊視野，改變思維方式

有個教徒在祈禱時，煙癮來了，他問在場的神父，祈禱時可不可以抽根煙，神父回答：「不行」。另一個教徒也想抽煙。他問神父，在抽煙的時候可不可以祈禱。神父回答：「當然可以。」

同樣是抽煙加祈禱，要求祈禱時抽煙，那似乎意味著對耶穌的不尊重；而要求抽煙時祈禱，則可以表示在休閒時也想著神的恩典，神父當然沒有反對的理由。

我們通常都會犯同一個錯誤——在同一面牆上撞來撞去，直到撞得頭破血流。從相反的角度去觀察我們所要解決的問題，我們也許會找到想要的答案。

這些日子富翁一直在苦苦思索，兩個兒子大了，自己老了。到底讓哪個兒子繼承遺產？富翁百思不得其解。想起自己白手起家的青年時代，他忽然靈機一動，找到了考驗他們的好辦法。

富翁鎖上宅門，把兩個兒子帶到一百里外的一座城市裡，然後給他們出了個難題，誰答得好，就讓誰繼承遺產。他交給他們一人一串鑰匙、一匹快馬，看他們誰先回到家，並把宅門打開。

馬跑得飛快，所以兄弟兩個幾乎是同時回到家的。但是面對緊鎖的大門，兩個人都犯愁了。哥哥左試右試，苦於無法從那一大串鑰匙中找到最合適的那把；弟弟呢，則苦於沒有鑰匙，因為他剛才光顧了趕路，鑰匙不知什麼時候掉在了路上。

兩個人急得滿頭大汗。突然，弟弟一拍腦門，有了辦法，他找來一塊石頭，幾下子就把鎖砸了，他順利地進去了。自然，繼承權落在了弟弟手裡。

人生的大門往往是沒有鑰匙的，在命運的關鍵時刻，人最需要的不是墨守成規的鑰匙，而是一塊砸碎障礙的石頭！

沒有一成不變的事物，也沒有放之四海而皆準的真理，必須變化地去看事物。抱著舊觀念、舊框框去看待新情況，必然是行不通的。在取捨之間很容易形成「定而不移」之勢。唯一可行的解除定勢的辦法，就是極大地開闊我們的視野，改變我們既有的思維方式，時刻警惕陷入「經驗」中去。

事情發生了總會有解決的方法的——換個角度思考問題，通常就會使一些困擾我們的問題迎刃而解。

# 3．非此即彼，跳出這個怪圈

一家公司招聘職員，有一道試題是這樣的：一個狂風暴雨的晚上，你開車經過一個車站，發現有三個人正苦苦地等待公車的到來：第一個是看上去瀕臨死亡的老婦，第二個是曾經挽救過你生命的醫生，第三個是你的夢中情人。你的車子只能容得下一位乘客，這時你會選擇誰呢？

每個人的回答都有他的理由：選擇老婦，是因為她很快就會死去，我們應該挽救她的生命；選擇醫生，是因為他曾經救過你的命，現在是你報答他的最好機會；選擇夢中情人，是因為如果錯過這個機會，也許就永遠找不回她（他）了。

在200個候選人中，最後獲聘的一位答案是什麼呢？「我把車鑰匙交給醫生，讓他趕緊把老婦送往醫院；而我則留下來，陪著我心愛的人一起等候公車的到來。」

我們常常會被「非此即彼」的思維模式所限，自己「從車上下來」，拋開思維的固有模式，我們可以獲得更多。

法國著名女高音歌唱家瑪・迪梅普萊有一個美麗的私人園林。每到週末，總會有人到她的園林摘花、拾蘑菇，有的甚至搭起帳篷，在草地上野營野餐，將園林弄得一片狼藉、骯髒不堪，這情形真令人感到困擾。

管家曾讓人在園林四周圍上籬笆，並豎起「私人園林禁止入內」的木牌，但均無濟於事，園林依然不斷遭踐踏、破壞。於是，管家只得向主人請示。

迪梅普萊聽了管家的彙報後，讓管家做一些大牌子立在各個路口，上面醒目地寫明：「如果在林中被毒蛇咬傷，最近的醫院距此15公里，駕車約半小時即可到達。」從此，再也沒有人敢闖入她的園林。

「私人園林禁止入內」和「如果在林中被毒蛇咬傷……」有什麼不同？有時成敗只在於一個觀念的轉變。

人常常會被自己的思維慣性給纏住，從而陷入死胡同裡，怎麼轉也轉不出來。很多時候，當我們站在一個角度看問題的時候，我們往往就會陷入一個思維怪圈。如果我們跳出這個固定思維，也許我們就會眼界大開。

# 4・苟安享受，就會碌碌無為

很多人走不出思維定勢，所以他們走不出宿命般的可悲結局；而一旦走出了思維定勢，也許可以看到許多別樣的人生風景，甚至可以創造新的奇蹟。因此，從舞劍可以悟到書法之道，從模仿飛鳥可以造出飛機，從蝙蝠可以聯想到電波，從蘋果落地可悟出萬有引力……常爬山的應該去涉水，常跳高的應該去打打球，常划船的應該去駕駕車，常當官的應該去為民。換個位置、換個角度、換個思路，也許我們面前是一番新的天地。

中國古代有個故事，說的是西元前六五七年，晉國君主晉獻公聽信夫人驪姬讒言，逼死太子申生，逼公子重耳出逃在外。重耳立志回國繼位，振興家園。後來，他在齊國娶了妻子，又接受了齊桓公饋贈的20輛馬車，很感滿足。其妻見狀，痛心疾首，勸勉他：「行也！懷與安，實敗名！」意思是：您且行動吧，滿足現狀是會毀掉一個人的前途的！重耳從此振作起來，幾年後奪回了王位。根據這個故事，人們引申出「懷安喪志」這個成語，告誡人們：迷戀、苟安於享受，就會變成碌碌無為的庸人。

水可載舟，亦可覆舟。順境和逆境，在一定條件下是會互相轉化的。面臨厄運時我們如果能夠適當地變換思維的角度和方式，多從其他方面重新評價和審視所遭遇的挫折，將有助於擺脫自己所處的困境。

譬如照相，同一景物，從不同角度拍攝，就會得到不同的形象。對待厄運也是這樣。我們應當看到，偶然的不幸是生活的組成部分，但它僅僅是生活的一小部分。在我們的整個生活中，還有那麼多的歡樂和幸福的事情，我們為什麼不去注意它們，而要對自己的一些創痛念念不忘呢？有的人在厄運襲來時，就覺得自己是天底下最倒楣的人。其實，事情並不完全是這樣。也許我們在某件事上是「倒楣」的，但我們在其他方面可能依然很幸運。和那些更不幸者相比，我們或許還是一個十分幸運的人。

英國作家薩克雷有句名言：「生活是一面鏡子，你對它笑，它就對你笑；你對它哭，它也對你哭。」的確，如果我們以歡悅的態度微笑著對待生活，生活就會對我們「笑」，我們就會感受到生活的溫暖和愉快。而我們如果總是以一種痛苦的、悲哀的情緒注視生活，那麼生活的整個基調在我們心中也就會變得灰暗了。

事實上，逆境也可以砥礪人生，增長人的才幹，使人通過破除障礙和不良情緒而得到新的突破與發展，心理達到更高層次的平衡；而順境，則也可能使人懷安喪志，一事無成。

# 5．逆向思維，開闢新的境界

一個非常著名的公司要招聘一名業務經理，豐厚的薪水和各項福利待遇吸引了數百名求職者前來應聘，經過一番初試和複試，剩下了十名求職者。主考官對這十名求職者說：「你們回去好好準備一下，一個星期之後，本公司的總裁將親自面試你們。」

一個星期之後，十名做了準備的求職者如約而至。結果，一個其貌不揚的求職者被留用下來。總裁問這名求職者：「知道你為什麼會被留用嗎？」這名求職者老實地回答：「不清楚。」總裁說：「其實，你不是這十名求職者中最優秀的。他們做了充分的準備，比如時髦的服裝、嫻熟的面試技巧，但都不像你所做的準備這樣務實。你用了一種超常規的方式，對本公司產品的市場情況及別家公司同類產品的情況做了深入的調查與分析，並提交了一份市場調查報告。你沒被本公司聘用之前，就做了這麼多工作，不用你又用誰呢？」

在我們的生活中，我們總是習慣於遵循一貫的觀點和想法，總是習慣於按常規去做一些事情，卻不知道機遇往往就蘊藏在我們的靈機一動之中。因此，平時我們不妨經常問一下自己：為什麼我們總是習慣於做大家都會做的事情，為什麼不給自己一個突破的機會呢？的確，在人的思想裡面，有千萬個叫做靈感的精靈，它們隨時可能跳出來，但是也可能永遠都在天堂裡面睡覺，而這一切都取決於我們自己。

有一天動物園的管理員們發現袋鼠從籠子裡跑出來了，於是開會討論，一致認為是籠子的高度過低。所以他們決定將籠子的高度由原來的10米加高到20米。結果第二天他們發現袋鼠還是跑出來，所以他們又決定再將高度加高到30米。沒想到隔天居然又看到袋鼠全跑到外面，於是管理員們大為緊張，決定一不做二不休，將籠子的高度加高到100米。

一天長頸鹿和幾隻袋鼠在閒聊，「你們看，這些人會不會再繼續加高你們的籠子？」長頸鹿問。「很難說。」袋鼠說，「如果他們再繼續忘記關門的話！」

其中的奧祕在於管理員只想到了籠子的高度，沒有想到關門。

上課時，老師先給學生們講述了這麼一個故事。一個聾啞人到五金行買釘子，他先用左手做持釘狀，接著兩個手指放在櫃檯上，然後右手做錘打狀。售貨員先遞過把錘子，聾啞人搖了搖頭，指了指做持釘狀的兩個手指，這回售貨員終於拿對了。

這時，又來了一位盲顧客，他想買一把剪刀，「那位盲人又怎樣用最簡單的方法買到他要的剪刀？」教授問。教授話音剛落，一個學生就搶著回答：「只要伸出兩個指頭模仿剪刀的樣子就可以了。」其他同學也紛紛點頭一致認同他這個「最簡單的方法」。

不料，教授卻搖搖頭，看了大家一眼，「其實，盲人只要開口說一聲就行了。」教授提高了嗓門說道。

同學們恍然大悟。老師語重心長地說：「記住，一個人進入思維的死角，那智力就會在常識之下。」

在日常生活中常見人們在思考問題時「左思右想」，說話時「旁敲側擊」，這就是側向思維的形式之一。如果我們只是順著某一思路思考，往往找不到最佳的感覺而始終不能解決問題，甚至讓自己走入思維的死角，而導致一些常識性錯誤的發生。這時可以讓思維向左右發散或作逆向推理，有時能得到意外的收穫，從而促成思維的完善和問題的解決。

逆向思維是超越常規的思維方式之一。按照常規的思路，有時我們便會缺乏創造性，或是跟在別人的後面亦步亦趨。當我們陷入思維的死角不能自拔時，不妨嘗試一下逆向思維法，打破原有的思維定勢，反其道而行之，開闢新的境界。

當我們陷入思維的死角不能自拔時，不妨嘗試一下逆向思維法，打破原有的思維定勢，反其道而行之，開闢新的境界。

# 6・富於想像，進入神奇世界

美國的萊特兄弟是一對愛別出心裁、搞點花樣的人。兄弟倆本來是靠修理自行車過活的，本可以守攤混飯吃，但他倆並不滿足現狀，喜歡別出心裁，搞點花樣。

一天，兄弟倆在門前馬路上試騎剛修好的自行車，由於車閘失靈、路陡坡大，自行車一下衝了出去，嚇得路上的雞、鴨到處亂飛。

「哎，要把咱們的自行車變得能往天上飛，那該多好！」「把汽車、火車都安上翅膀，就都能上天了！」……兄弟倆真想搞點花樣了。

我們都明白，鐵跟空氣比誰重誰輕，想讓很重的發動機飛上天，那不成了神話了嗎？萊特兄弟的「花樣」受到很多人的嘲笑。

但是，萊特兄弟不被困難嚇倒。他們一邊學習理論知識，一邊經常觀察雄鷹盤旋、燕子高飛，花了大量的時間在家鑽研。經過十多年的努力，終於製成了第一架雙翼飛機。兄弟倆高興地把這架用內燃機做動力，用木料做骨架，用帆布做機篷的飛機叫做「飛行者號」。從此，萊特兄弟給人類開闢了航空科學的新紀元。

富有想像力的人都有著旺盛的求知欲和強烈的好奇心；而缺乏想像力的人總是堅信自己所學的知識是對的，卻很少想到這些知識有什麼不對之處。因此，一些人總是用前人所用過的傳統方式去看待事物。這樣，他們只能見到前人已見到過的東西，只能想到與前人已經發現了的東西有什麼聯繫，卻容易忽略有什麼新的聯繫。而有旺盛求知欲和強烈好奇心的人卻不這樣，他們對新鮮事物特別感興趣，並且發現有意義的問題以後，能夠請教老師和朋友，因此他們進步很快。

愛因斯坦說：「想像比知識更重要，因為知識是有限的，而想像力概括著世界上的一切，並且是知識進化的源泉。」

老師提問：「雪化了變成什麼？」

「變成水。」大家異口同聲。

一個小孩子回答：「變成了春天。」這個回答是多麼富有想像力，又是多麼富有藝術性，可居然被判為零分。因為老師認為，這個問題的標準答案不是這樣。

想像力是人類獨有的才能，是人類智慧的生命線。在創造發明和探索新知識的過程中，想像力是一切希望和靈感的源泉。它不僅引導我們發現新的事實，而且激發我們做出新的努力，使我們預言未來，看到可能產生的後果。

任何一個人都是極具想像力的天才，而那些天馬行空、稀奇古怪的想法其實正是可貴的想像力的火花。

# 7．資訊重組，開拓你的思維

美國有一位工程師和一位邏輯學家，是無話不談的好友。一次，兩人相約赴埃及參觀著名的金字塔。到埃及住進賓館後，邏輯學家仍然習以為常地寫起自己的旅行日記，工程師則獨自徜徉在街頭，忽然他耳邊傳來一位老婦人的叫賣聲：「賣貓啊，賣貓啊！」

工程師一看，在老婦人身旁放著一隻黑色的玩具貓，標價500美元。這位婦人解釋說，這隻玩具貓是祖傳寶物，因孫子病重，不得已才出賣以換取住院治療費。工程師用手一舉貓，發現貓身很重，看起來似乎是用黑鐵鑄就的。不過，那一對貓眼則是珍珠的。

於是，工程師就對那位老婦人說：「我給你300美元，只買下兩隻貓眼吧！」

老婦人一算，覺得行，就同意了。工程師高高興興地回到了賓館，對邏輯學家說：「我只花了300美元竟然買下兩顆碩大的珍珠！」

邏輯學家一看這兩顆大珍珠，少說也值上千美元，忙問朋友是怎麼一回事。當工程師講完緣由，邏輯學家忙問：「那位婦人是否還在原處？」

工程師回答說：「她還坐在那裡。想賣掉那隻沒有眼珠的黑鐵貓！」

邏輯學家聽後，忙跑到街上，給了老婦人200美元，把貓買了回來。工程師見後，嘲笑道：「你呀，花200美元買個沒眼珠的鐵貓！」

邏輯學家卻一聲不響地坐下來擺弄琢磨這隻鐵貓，突然他靈機一動，用小刀刮鐵貓的腳，當黑漆脫落後，露出的是黃燦燦的一道金色的印跡，他高興地大叫起來：「正如我所想，這貓是純金的！」

原來，當年鑄造這隻金貓的主人，怕金身暴露，便將貓身用黑漆漆了一遍，儼然如一隻鐵貓。對此，工程師十分後悔。

此時，邏輯學家轉過來嘲笑他說：「你雖然知識很淵博，可就是缺乏一種思維的藝術，分析和判斷事情不全面深入。你應該好好想一想，貓的眼珠既然是珍珠做成，那貓的全身會是不值錢的黑鐵所鑄嗎？」

可見，缺乏創造性的思維聯想，將會帶來多麼大的損失，將會對個人的發展、事業的進取產生多麼嚴重的影響。

一個城裡男孩凱尼移居到了鄉下，從一個農民那裡花100美元買了一頭驢，這個農民同意第二天把驢帶來給他。

第二天農民來找凱尼，說：「對不起，小夥子，我有一個壞消息要告訴你，驢死了。」

凱尼回答：「好吧，你把錢還給我就行了。」

農民說：「不行，我不能把錢還給你，我已經把錢給花掉了。」

凱尼說：「OK，那麼就把那頭死驢給我吧。」

農民很納悶：「你要那頭死驢幹嘛？」

凱尼說：「我可以用那頭死驢作為幸運抽獎的獎品。」

農民叫了起來：「你不可能把一頭死驢作為抽獎獎品，沒有人會要的。」

凱尼回答：「別擔心，看我的。我不告訴任何人這頭驢是死的不就行了。」

一個月以後，農民遇到了凱尼，農民問他：「那頭死驢後來怎麼樣了？」

凱尼說：「我舉辦了一次幸運抽獎，並把那頭驢作為獎品，我賣出了500張票，每張兩元錢，就這樣我賺了998元錢。」

農民：「哇！那群人沒有把你打死！？」

凱尼驕傲地回答：「只有一個人會來打我，就是那個中獎的。所以我把他買票的錢還給他就沒事了！」

許多年後，長大了的凱尼成為了安然公司的總裁。

思維的獨創性是創造性思維的根本特徵，創新就是要敢於超越傳統習慣的束縛，擺脫原有知識範圍的羈絆和思維過程的禁錮，善於把頭腦中已有資訊重新組合，從而發現新事物，提出新見解，解決新問題，產生新成果。

毫無疑問，一個會動腦筋思考的人總能把握住機會，並妥善地解決問題，成功離不開睿智的創意。

讓自己比別人多想一點，讓自己的思維與眾不同，也許我們想出來的就是一個無與倫比的好點子！很顯然，如果人的思維開闊，會從多角度去思考問題，就很容易找到解決問題的有效途徑。

# 8・開發潛能，走向成功之路

這是一個關於迴紋針用途的故事：

在一次有許多中外學者參加的旨在開發創造力的研討會上，日本一位創造力研究專家應邀出席了這次活動。

在這些創造思維能力很強的學者同仁面前，風度瀟灑的村上幸雄先生捧來一把迴紋針：「請諸位朋友，動一動腦筋，打破框框，看誰能說出這些迴紋針的用途，看誰創造性思維開發得好，多而奇特！」

不久來自各地的一些代表踴躍回答著。「迴紋針可以別相片；可以用來夾稿件、講義。」「鈕釦掉了，可以用迴紋針臨時釣起……」七嘴八舌，大約說了二十幾分鍾，其中較奇特的是把迴紋針磨成魚鉤去鉤魚，大家一陣大笑。

村上對大家在不長時間講出好幾十種迴紋針的用途很稱道。

這時，有人問：「村上先生，您能講多少種？」

村上莞爾一笑，伸出3個指頭。

「30種？」

村上搖頭。

「300種？」

村上點頭。人們驚異。不由地佩服他聰慧敏捷的思維。眾人都拭目以待。

村上緊了緊領帶，掃視了一眼台下那些透著不信任的眼神，用幻燈片放映出了迴紋針的用途……

這時中國的一位以「思維魔王」著稱的怪才許國泰先生向臺上遞了一張紙條，人們對此十分驚奇。

「對於迴紋針用途，我能說出三千種，三萬種！」

鄰座對他側目：「吹牛不上稅，真狂！」

第二天上午11點，他「揭榜應戰」，輕鬆地走上講臺，他拿著一支粉筆，在黑板上寫了一行字：村上幸雄迴紋針用途求解。

原先不以為然的聽眾被吸引過來了。

「昨天，大家和村上講的用途可用四個字概括，這就是鉤、掛、別、聯。要啟發思路，使思維突破這四種格局，最好的辦法是借助於簡單的形式思維工具——資訊標與資訊反應場。」

他把迴紋針的總體資訊分解成重量、體積、長度、截面、彈性、直線、銀白色等10多個要素。再把這些要素，用根標線連接起來，形成無數條資訊連線。

然後，再把與迴紋針有關的人類實踐活動要素進行綜合分析，連成資訊標，最後形成資訊反應場。

這時，借助於現代思維之光，超常思維射入了這枚平常的迴紋針，馬上變成了孫悟空手中的金箍棒，神奇變幻而富於哲理。

他從容地將資訊反應場的座標，不停地組切交合。

通過兩軸推出一系列迴紋針在教學中的用途，把迴紋針分別做成阿拉伯數字。再做成＋－×÷的符號，用來進行四則運算，運算出數量，就有1000萬、10000

萬……

迴紋針可做成英、俄、希臘等外文字，用來進行拼寫讀取。

迴紋針可以與鹽酸反應生成氫氣，可以用迴紋針做指南針。

迴紋針是鐵元素構成，鐵與銅化合是青銅，鐵與不同比例幾十種金屬元素分別化合，生成的化合物則是成千上萬種……實際上，迴紋針的用途，幾乎近於無窮！

他在臺上講著，台下一片寂靜。與會的人們被思維「魔球」深深地吸引著。馳名中外的科學家溫元凱高興地說：「高明，簡直是點金術。」

此時，再也沒有人說迴紋針有三千種、三萬種用途是吹牛，而是對這種新的開發思路感到了新奇，普遍陷入打破了原有的思維格局的沉思……

這是一個開發創造性思維的小遊戲，這個遊戲的規則就是以「迴紋針」為對象打開想像的閘門，絞盡腦汁地去想像迴紋針到底有多少種用途。每人至少要想像出50種以上。做完這個遊戲後，我們會感到很有趣味，但同時也很感疲勞，這就是我們創造性思維潛能得到開發的結果。

國家圖書館出版品預行編目資料

路過的都是風景，留下的才是人生／孫麗 主編 --
初版 -- 新北市：新潮社，2020.07
冊；　公分
ISBN 978-986-316-767-9（平裝）

1.人生哲學 2.自我實現

191.9　　109006237

# 路過的都是風景，留下的才是人生

主　編　孫麗
企　劃　天蠍座文創製作
出　版　新潮社文化事業有限公司
電話 02-8666-5711
傳真 02-8666-5833
E-mail：service@xcsbook.com.tw

印前作業　東豪印刷事業有限公司
印刷作業　福霖印刷有限公司

總 經 銷　創智文化有限公司
新北市土城區忠承路 89 號 6F（永寧科技園區）
電話 02-2268-3489
傳真 02-2269-6560

初　版　2020 年 7 月